böhlau

Beruf Dirigent

Ralf Weikert

2017
BÖHLAU VERLAG WIEN KÖLN WEIMAR

Bibliografische Information der Deutschen Nationalbibliothek:
Die Deutsche Nationalbibliothek verzeichnet diese Publikation in der Deutschen Nationalbibliografie; detaillierte bibliografische Daten sind im Internet über http://portal.dnb.de abrufbar.

Wiesingerstraße 1, A-1010 Wien, www.boehlau-verlag.com

Korrektorat: Katharina Krones, Wien
Umschlaggestaltung: Guido Klütsch, Köln
Satz und Layout: Bettina Waringer, Wien
Druck und Bindung: CPI Moravia Books, Pohorolice
Gedruckt auf chlor- und säurefreiem Papier
Printed in the EU

ISBN 978-3-205-20530-2

Inhalt

Vorwort

Nach einer jahrzehntelangen Karriere als Dirigent in aller Welt ist es mir ein Bedürfnis, etwas von meinen beruflichen Erfahrungen, Erlebnissen und Erinnerungen an musikinteressierte Menschen weiterzugeben. Dieses kleine Buch soll jungen angehenden Dirigenten und Musikern[1] Einsichten in diesen vielleicht „schönsten Beruf" vermitteln sowie praktische Ratschläge zu vielen musikalischen und interpretatorischen Themen und Problemen geben. Aber auch Konzert- und Opernbesucher könnten hier Aufschlüsse darüber finden, wie wir Dirigenten mit Musik umgehen und was uns in unserem erlebnisreichen Berufsleben in aller Welt widerfährt. Was bedeutet für uns die Beschäftigung mit den verschiedenen Stilen durch die Jahrhunderte und welche Konsequenz ziehen wir daraus für unsere Arbeit? Erinnerungen, Erfahrungen, aber auch kuriose Begegnungen mit zahllosen berühmten Musikern werden im Buch ebenso wiedergegeben wie Überlegungen zur Musik einzelner Komponisten aus den verschiedenen Jahrhunderten. Er ist eine Annäherung an die Musik – und an das, was wir Dirigenten „Interpretation" nennen.

Mein herzlicher Dank gilt Herrn Prof. Dr. Alois Koch für die Idee zu diesem Buch, Herrn Prof. Dr. Laurenz Lütteken für seinen Rat und seine tatkräftige Unterstützung, Frau Julia Beenken vom Böhlau Verlag, sowie Herrn Paul Suter für seine Hilfe bei der Beschaffung des Fotomaterials.

Ralf Weikert

I Ausbildung und Tätigkeit

VORAUSSETZUNGEN

Dirigieren ist ein Erfahrungsberuf – und doch nicht nur. Er bedarf sehr bestimmter Voraussetzungen. Wer dirigieren will, sollte zunächst vier wichtige Dinge mitbringen: Begabung, Bildung, Verstand und Geschmack. Ich will diese vielleicht etwas altmodisch erscheinenden Schlagworte etwas genauer erläutern. Nicht jeder kann Dirigent werden, zur Begabung gehören daher eine umfassende Musikalität sowie ein blendendes Gehör. Es muss kein absolutes Gehör sein, im Gegenteil, ein solches kann auch hinderlich werden, etwa bei dem Gebrauch unterschiedlicher Stimmungen, wie sie im Bereich der ‚Alten Musik' inzwischen ja zum Alltag gehören.[2] Aber der angehende Dirigent sollte eben eine ebenso feinsinnige wie unbestechliche Wahrnehmung besitzen, denn nur sie ermöglicht die spätere Tätigkeit, in der man gleichzeitig auf Gehörtes reagiert sowie auf zu Hörendes vorbereitet. Zu diesen Voraussetzungen gehört aber auch eine umfassende Allgemeinbildung, zumal ein Dirigent hat stets mit sehr verschiedenen Dingen zu tun, mit Bildern, mit Architektur, immer wieder und vor allem aber mit verschiedenen Texten aller Art, in Opern, Oratorien, Kantaten, Liedern. Literarische Bildung ist daher ebenso wichtig wie eine umfassende historische Kenntnis, denn nach wie vor bildet der Umgang mit der Vergangenheit (oder sehr verschiedenen Vergangenheiten) ein Hauptbetätigungsfeld. Nur, wer in der Lage ist, mit diesen verschiedenen Vergangenheiten differenziert umzugehen, ist auch in der Lage, sich verantwortungsvoll mit Musik auseinanderzusetzen. Mit ‚Bildung' ist im Besonderen aber eine umfassende musikalische Bildung gemeint. Sie beinhaltet zunächst das, was man erlernen kann, also das Handwerkliche. Die souveräne Kenntnis von Harmonielehre und Kontrapunkt ist dabei ebenso erforderlich wie ein profundes musikgeschichtliches Wissen. Dies schließt natürlich auch das ein, was man früher etwas unbeholfen ‚Stilkunde' nannte, also die Vertrautheit mit verschiedenen musikalischen Idiomen aus verschiedenen Zeiten und Regionen – sowie ihren historischen Hintergründen. Alles dies muss erlernt und erarbeitet werden und dieser Prozess ist selbstverständlich nie abgeschlossen. Wer immer alles ‚weiß' oder gleich ‚besser weiß', der wird kein verantwortungsvoller Interpret. Und Dirigieren ist immer Interpretation, aber Interpretation ist, allemal wenn sie Musik der Vergangenheit gewidmet ist, ohne genaues Wissen nicht möglich, ja sie wäre vollkommen sinnlos.

Zur musikalischen Bildung gehört aber auch der genaue Einblick in die Wirklichkeit eines Klangkörpers, wie es ein Orchester nun einmal ist. Und auch dies ist Wissen, das erworben werden muss. Natürlich sollte man Klavier spielen können, das ist in der Oper sogar ganz unerlässlich – und zumindest in Europa gehen fast alle Dirigentenlaufbahnen nach wie vor von der Tätigkeit in der Oper aus. Es empfiehlt sich aber auch die Vertrautheit mit wenigstens einem Streich- und einem Blasinstrument. Es geht dabei nicht nur um unterschiedliche Techniken, denn das Streichen einer Violine ist natürlich etwas anderes als das Blasen einer Klarinette, und man muss wissen, warum ein *sforzato* auf einem Violoncello anders ‚funktioniert' als auf einer Oboe. Es geht dabei vielmehr um ein Gefühl für Zeit, für Atem, für den damit verbundenen Ton, im wörtlichen wie im übertragenen Sinn. Überhaupt ist ‚Atmen' etwas ganz

Zentrales, weswegen für das Dirigieren eine Vertrautheit mit dem Gesang ebenfalls unerlässlich ist. Solche Erfahrungen kann man auf ganz unterschiedliche Weise sammeln, als Solist, im Ensemble oder im Chor – aber man sollte auf sie zurückgreifen können. Es ist dazu hilfreich, weitere Instrumente nicht nur passiv zu kennen, also eine Pauke oder eine Harfe wenigstens in den Grundzügen der Technik zu verstehen. Es gibt berühmte Fälle wie Fritz Busch, in denen ein Dirigent die Vertrautheit im Grunde mit allen Orchesterinstrumenten bewiesen hat, eine ähnliche Fähigkeit besaß auch der dirigierende Komponist Paul Hindemith. Aber dies ist am Ende nicht so wichtig wie das Grundsätzliche, also das genaue Wissen, wie die Instrumente funktionieren, was man ihnen abverlangen kann – und welche Rolle in alledem die menschliche Stimme spielt.

Über musikalischen Verstand, die dritte Voraussetzung, zu sprechen, ist natürlich heikel. Aber in diesem Falle ist damit eine klare analytische Begabung gemeint, also das Vermögen, auch eine komplexe Partitur ordnend ‚in den Griff' zu bekommen. Ein Werk wie das *Lied von der Erde* kann man einfach nicht vom Blatt dirigieren, es wäre nicht nur für die beteiligten Musiker eine Zumutung, sondern eine Respekt- und Gedankenlosigkeit gegenüber der Partitur. Solche Analysen sind nicht einfach Selbstzweck. Eine Partitur will ‚gelernt' werden, und Lernen kann man sie nur, wenn man ihre formale Architektur verstanden hat. Dies spiegelt sich unmittelbar in der Probenarbeit, bei der es ja, aus den verschiedensten Motiven heraus, einen Zeitplan geben muss. Ein solcher ‚innerer' Zeitplan kann äußerlich nur funktionieren, wenn man schon im Voraus festlegen kann, was wieviel Zeit beanspruchen wird. Und damit verbunden ist die vielleicht schwierigste, weil unklarste Voraussetzung, also das, was ich als ‚Geschmack' bezeichnen möchte. Natürlich ist ‚Geschmack' eine historisch kompliziert gewachsene, großen Veränderungen unterliegende Kategorie. Ich meine damit jedoch, ganz pragmatisch, den geschulten Sinn für sehr unterschiedliche historische Gegebenheiten. Das gegenwärtige Musikleben besteht nicht nur zu weiten Teilen aus Vergangenem, sondern aus einem ganz ungewöhnlich großen Zeitraum. Dies erfordert enormes Wissen, aber auch ein feines Sensorium und eine große, umfassende Sensibilität. Ich erinnere mich an eine Erfahrung in New York, wo ich 1988 den *Giulio Cesare* an der City Opera dirigiert habe – und eine erbitterte Auseinandersetzung um die Ausführung des Continuos, für den man nur ein Cembalo vorgesehen hatte, führen musste. Die Ausführungspraktiken des ‚basso continuos' haben sich in den letzten dreißig Jahren vollständig verändert,[3] und damit allerdings ist die erwartete Flexibilität viel größer geworden. Es geht beim Dirigieren nicht um ein früh entwickeltes Spezialistentum, denn jede Periode macht erst die nächste verständlich – und es ist die Aufgabe des Interpreten, sich für eine solche Vielfalt flexibel zu halten.

AUSBILDUNG

Oft wird gesagt, jemand sei zum Dirigenten geboren (und jemand nicht). Ich bin jedoch ganz anderer Ansicht. Man kann vieles, ja fast alles in diesem Beruf lernen – und man kann es sich gar nicht anders als durch dieses ‚Lernen' aneignen. Natürlich besteht das Dirigieren zu einem großen Teil aus Technik, aber diese Technik ist eben vermittelbar – und soll auch vermittelt werden. Ich selbst hatte in Hans Swarowsky einen Lehrer, der von diesem Technischen gar nicht so explizit sprach, der es aber doch unentwegt vermittelte. Um ein Beispiel zu nennen: Swarowsky unterschied acht verschiedene Fermaten-Typen, nicht aus wilder Klassifizierungswut, sondern weil jede eine andere Form der technischen Umsetzung verlangt.[4] Dabei sind Fermaten sozusagen die Stolpersteine für jeden ungeübten Dirigenten. Der Fluss der Musik wird vorbereitet oder abrupt unterbrochen und verlangt ein so klares ‚schlagtechnisches' Eingreifen, dass das ganze Orchester unmissverständlich versteht, welche Art von Fermate zur Ausführung gelangen soll. Dies ist nur ein kleines Beispiel von erlernbarer Technik. Eine differenzierte Aneignung vieler schlagtechnischer ‚Tricks' hat dazu geführt, dass mir das ‚Technische' des Dirigierens nie Probleme bereitet hat. Ich habe dies aber nicht mitgebracht, sondern eben gelernt. Wie kann es möglich sein, dass sich ein guter Dirigent vor ein ihm völlig unbekanntes Orchester stellen und, ohne auch nur ein Wort zu sagen, eine halbwegs passable Probe zustande bringen kann? Das ist eben nicht nur der Persönlichkeit zu verdanken, die er mitbringt, sondern vor allem seiner genauen, souveränen technischen Kenntnis.

Dirigieren ist, wie Richard Strauss sagte, permanentes Auftaktdirigieren, man muss über eine klare Vorstellung von dem verfügen, was man hören will. Natürlich sollte sich dies verknüpfen mit dem Wissen um spezielle Probleme, um die Wirklichkeit bestimmter Aspekte. Es nützt nichts, den Einsatz zu Mendelssohns *Sommernachtstraum*-Ouvertüre zu geben, ohne sich darüber im Klaren zu sein, dass es sich um einen reinen Holzbläser-Beginn im *piano* handelt: Er bedarf der Vorbereitung durch den richtigen ‚Atem', und dies sieht anders aus als bei einem Streicher- und noch mehr bei einem Blechbläsereinsatz. Orchestermusiker sind hochqualifiziert; sie erkennen nicht nur sehr schnell, ob ein Dirigent eine genaue Vorstellung von den Partituren hat, sondern auch, ob diese seine Vorstellung mit den Gegebenheiten und Möglichkeiten der Instrumente übereinstimmt. Ein Dirigent muss stets auf drei Ebenen handeln: Er muss vor dem Erklingen genau wissen, was kommen soll; er muss während des Klingens unmittelbar agieren – und er muss reagieren auf das, was soeben erklungen ist. Das ist gekoppelt an die Möglichkeiten der Körpersprache, vor allem der Hände und Arme. Vielleicht ist dies ein Aspekt, den man tatsächlich nur begrenzt erlernen kann. Die Körpersprache kann sich verändern, man kann sie schulen, man kann sie formen; jemand, der mit ihr jedoch elementare Schwierigkeiten hat, wird diese beim Dirigieren nie überwinden. Natürlich ist körperliche Exzentrik leicht auf dem Podium herzustellen, aber in der Regel ist sie ganz kontraproduktiv – sieht man von so phänomenalen Begabungen wie Leonard Bernstein ab. Dort war der überbordende, gleichwohl in hohem Maß kontrollierte Körpereinsatz offenbar Teil seiner Auffassung. Aber gerade dieser Aspekt muss ebenfalls erlernt werden. Die Kontrolle über die eigene Persönlichkeit und die eigene Körperlichkeit sind wesentlicher Bestandteil der Arbeit. Willkür ist, auch in dieser Hinsicht, der Tod der künstlerischen Arbeit – und am Ende bedeutet sie den Untergang der Partitur. Die Verantwortlichkeit ihr gegenüber ist und bleibt aber der zentrale Angelpunkt aller dirigentischen Tätigkeit.

‚KAPELLMEISTER‘

Es ist in den letzten Jahren immer wieder von den Möglichkeiten der Dirigenten-Karriere gesprochen worden, vom Segen und Fluch der traditionellen Kapellmeister-Laufbahn. Nach wie vor ist es jedoch so, dass in Europa dirigentische Karrieren am Theater beginnen, als Repetitor. Dieser Weg erweist sich noch immer als ein Regelfall: vom Solo-Repetitor, zu dem man oft durch ein Probespiel direkt nach dem Studium gelangt, zum Assistenten bei Proben. Dort ist man einige Jahre mit dem regelrechten ‚Fressen‘ von Klavierauszügen beschäftigt, mit dem man sich doch auch ein erstes (allerdings noch bescheidenes) Repertoire aufbauen kann. Beim Assistieren schaut man dem Chef bei der Arbeit mit dem Orchester und den Sängern zu, es kommen Bühnendienste (wie Fernorchester etc.) – und wenn man Glück hat und alles gut gelingt, werden einem schon bald größere Aufgaben anvertraut, mal Singspiele, in einem Dreispartenbetrieb vielleicht auch einmal die Schauspielmusik (gegebenenfalls sogar deren Komposition), Kinderkonzerte – und dann auch das Nachdirigieren von ‚einfachen‘ Werken. Das ist natürlich relativ zu sehen, denn was ist schon ‚einfach‘ in der Musik?

Warum sollte man ‚fremde‘ Aufführungen nachdirigieren? Warum sollte es sinnvoll sein, seine eigene Persönlichkeit so weit zurückzunehmen? Warum sollte man sich einfach reduzieren auf ein mechanisches Rad im Getriebe? Dieses Durchlaufen der verschiedenen Stufenleitern des Musiktheaterbetriebes hat den Vorzug, dass man sich auf jeder einzelnen Stufe zusätzliche Fähigkeiten und Kenntnisse aneignet. Um nur einige zu nennen gehören dazu: die Fähigkeit zur Improvisation, die Arbeit mit dem Chor, die Einschätzung von Klangverzögerungen durch die größere Entfernung bei Hinterbühneneinsätzen, das Organisieren ganzer Probenabläufe, das Erarbeiten von Werken in geteilten Gruppenproben bei schwierigen unbekannten Stücken, das Einrichten von Orchesterstimmen nach den Angaben des Dirigenten, etc.

Wenn aber all dies zur Zufriedenheit verläuft, dann werden die Aufgaben langsam größer, dann geht es um die ersehnten ersten selbständigen Einstudierungen. Jetzt muss man Farbe bekennen und beweisen, dass all die vorangegangene mühsame Zeit des Lernens sich gelohnt hat und nicht umsonst war.

Der Theaterbetrieb verlangt einem stets, vor allem als verantwortlichem Dirigenten, die volle Flexibilität ab, und diese Flexibilität ist einem nicht mitgegeben, sie muss hart erarbeitet werden. Sie ‚entsteht' nicht einfach, sondern ist Ergebnis eines Prozesses. Ich erinnere mich an eine schöne Anekdote von Carlos Kleiber. Früher, vor den Zeiten der Übertragung des Dirigenten auf Monitore hinter der Bühne, gab es am Dirigentenpult eine eigenwillige Tastatur mit dem noch eigenwilligeren Namen ‚Taktograph'. Mit dessen Hilfe konnte man die Bühnenmusik mittels Leuchtziffern hinter der Bühne koordinieren. Kleiber bekam in seiner allerersten Zeit am Salzburger Landestheater einmal damit Probleme. Auf die Kritik des Intendanten, er habe zwar dirigiert, aber den Taktographen an den notwendigen Stellen nicht betätigt, antwortete er: „Ja, wenn ich das beides zusammen könnte, dann wäre ich nicht mehr in Salzburg."

Zur Flexibilität gehört die Vertrautheit mit dem Repertoire, natürlich oftmals der Operette, die in den letzten Jahren ja eine unerwartete Renaissance erlebt hat. Die Operette ist jedoch besonders interessant, weil sie auf extrem instabilen Materialien basiert. Normalerweise gibt es, sieht man von spezialisierten Häusern wie der Wiener Volksoper ab, nicht einmal verfügbare Partituren. Sie muss also auch heute noch oftmals aus Klavierauszügen dirigiert werden, in denen die Instrumentierung ganz klein in Worten angegeben ist. Dies schärft aber ganz ungemein die eigenen Fähigkeiten, auf alles das zu reagieren, was vor, auf und hinter der Bühne geschieht; ja es schafft eigentlich erst die Voraussetzungen dafür. Gerade dies ist eine der Hauptherausforderungen des Theaters (und damit der Musikpraxis insgesamt): zu reagieren auf das, was gleichzeitig im Orchester und auf der Bühne geschieht. Diese auf den Augenblick gerichtete Tätigkeit bedarf aber der großen Erfahrung und Routine. Und selbst hier kann man noch in Verlegenheit kommen. Ich erinnere mich an Aufführungen mit dem wunderbaren Tenor Neil Shicoff, in denen er, schon während der Proben, hohe Töne grundsätzlich zu lange gehalten hat. Meinem vorsichtigen Einwand, so könne ich ihn mit dem Orchester nicht begleiten, begegnete er mit den entwaffnenden Worten: „Oh, please don't let me schlepp“. Dirigieren ist also auch in dieser Hinsicht ein Erfahrungsberuf, den man daher möglichst früh beginnen sollte. Wenn man direkt nach dem Studium, mit Anfang bis spätestens Mitte 20 damit beginnt, hat man dafür auch Zeit genug. Nur der große, stets wachsende Erfahrungsraum garantiert, dass ein so sensibler und komplexer Betrieb wie der eines Opernhauses tatsächlich weitgehend ‚unfallfrei‘ verlaufen kann.

In Europa war und ist dieser Einstieg über die Kapellmeisterlaufbahn – wie schon erwähnt – also immer noch vorherrschend. Natürlich gab und gibt es auch prominente ‚Quereinsteiger‘, die vom Orchesterinstrument herkommen, etwa Toscanini, der als Cellist begonnen hat, oder Zubin Mehta, der Kontrabass studiert hatte. Doch ist dies eher die Ausnahme. In den USA zum Beispiel verhält es sich jedoch ganz anders. Dort gibt es zwar eine große Zahl bedeutender Orchester, aber vergleichsweise wenige ständig bespielte Opernhäuser. Dort sind also schon die Möglichkeiten, eine Karriere über die harte Schule des Opernkapellmeisters zu starten, eng begrenzt. So bleibt jungen Musikern nur der Weg, über die geringe Zahl der begehrten Assistenten-Stellen an den Orchestern in das Metier des Dirigenten einzusteigen.

Ich glaube allerdings, dass das Kapellmeister-Modell auch heute noch tragfähig, ja im Grunde notwendig ist. Es ist schlechterdings unmöglich, ein so schwieriges Werk wie das *Vorspiel* aus *Ariadne auf Naxos* angemessen zu dirigieren, wenn man es nicht selbst einmal repetiert hat. Wenn man sich relativ jung auf diesen Weg begibt, dann gibt es immer auch erfahrene ältere Kollegen, von denen man profitieren und lernen kann. Dies ist ein Prozess, der nie abgeschlossen wird, aber der einmal eingeleitet werden muss. Und erst dann ist er produktiv. Ich erinnere mich zum Beispiel an eine *Rosenkavalier*-Aufführung an der Wiener Staatsoper, bei der ich das höllisch schwere Vorspiel zum dritten Aufzug mit Rücksicht auf das Orchester im Tempo zurückgenommen habe. Der Stimmführer der Bratschen meinte hinterher zu mir, es sei für das Orchester einfacher, wenn ich solche vermeintliche Rücksicht gerade nicht nehmen würde. Manchmal ist ein schnelleres Tempo für die Musiker leichter als ein langsames.

ERFAHRUNG UND TRADITION

Weil Dirigieren eine so eigenwillige Mischung aus Erlerntem und Erfahrenem ist, kann man einen paradoxen Grundsatz festhalten: Dirigieren entwickelt man durch das Dirigieren. Dies ist zugleich ein weiteres Argument für den Kapellmeister-Weg, denn er gewährt am Anfang auch einen geschützten Raum. Aber grundsätzlich kann man sagen, dass man die dirigentische Technik im umfassenden Sinne mit jeder einzelnen Aufführung verfeinert. Bei jeder Probe lernt man dazu, und die Bereitschaft zum Lernen ist eine Hauptvoraussetzung. Damit setzt sich diese Tätigkeit von selbst in eine bestimmte Tradition, und deswegen hat Tradition im wohlverstandenen Sinne etwas mit ‚Stil' zu tun. So wie die gesprochene Sprache sich durch die Jahrhunderte verändert, in einem hoch dynamischen Prozess, so geschieht dies auch mit der komponierten Musik. Sie bleibt ja nicht ‚gleich', zumal die Aufführung selbst ja stets ein unwiederholbarer, einzigartiger Vorgang ist. Das von Alfred Roller überlieferte, berühmt gewordene Wort von Gustav Mahler legt davon Zeugnis ab: „Was Ihr Theaterleute Eure Tradition nennt, das ist Eure Bequemlichkeit und Schlamperei."[5] Es geht ja nicht um die Tradition an sich, sondern um, wie es Roller nennt, „das bequeme Schema", den „Ariadnefaden der Routine". Es geht also nicht um die Tradition selbst, sondern darum, dass falsch verstandene Tradition zur Entschuldigung wird.

Tradition im Sinne von ‚Stil' bedeutet gewissenhafte Rückversicherung bei den Gegebenheiten, bezogen auf die jeweilige Periode ihrer Entstehung. Musikalische Zeichen und Anweisungen sowie Tempobegriffe verändern sich im Laufe der Epochen. Viel von dem Wissen darüber ist verloren gegangen, vieles ist verfälscht überliefert. Was hat die aufgeschriebene Musik in ihrer jeweiligen Zeit bedeutet? Im umfassenden Sinn: Was hat sie bedeutet für den Komponisten, den Musiker und den Hörer? Es gab ungeschriebene Gesetze, die jeder Musiker kannte und die daher nicht in unserem Sinne im Notenbild ersichtlich gemacht sind. Die Überlieferung hat durch die Jahrhunderte sehr oft Selbstverständlichkeiten in Vergessenheit geraten lassen. Solche Selbstverständlichkeiten können aber in späteren Epochen ganz etwas anderes bedeuten. Ich erwähne hier nur das Vibrato, die Appoggiaturen[6], die Verzierungen im Belcanto, die vielen graphischen Zeichen für Veränderungen wie Keil, Punkt, Marcato, Tenuto-Strich über den Noten oder anderes. Ein Keil bei Haydn ist eben etwas anderes als ein Keil bei Schubert. In der Musik der Klassik etwa werden bestimmte Selbstverständlichkeiten nicht notiert. Aber wie gehen wir heute mit solchen Selbstverständlichkeiten angemessen um?

Die Partitur, die ja so etwas wie die Bibel für den Dirigenten sein soll (und deswegen ist Dirigieren immer auch ‚Bibelauslegung'), lässt sich sinnvoll nur dann lesen, wenn man weiß, was die Komponisten in ihrer Zeit aufgeschrieben haben – und was nicht, was also im ‚Stil' einer Epoche als Allgemeingut für Musiker gegolten hat. Was Bach zu seiner Zeit aufgeschrieben hat, ist natürlich weit von dem entfernt, wie Mozart und Haydn, Verdi und Wagner oder die Komponisten der 2. Wiener Schule, wie Schönberg und Berg, ihre Werke aufgeschrieben haben. Und trotzdem liegen alle diese Werke heute oftmals in der Zuständigkeit eines einzigen Dirigenten (und eines einzigen Orchesters), der sich eben Händel, Beethoven oder Webern gleichermaßen angemessen annähern soll. Um all dies zu erkennen, ist sehr viel Wissen erforderlich – und die lebenslange Neugier, dieses Wissen zu erweitern.

Tradition in einem solchen Sinne verpflichtet den Interpreten zur Demut. Als Nichtschöpfer sollten Dirigenten nicht Nachschöpfer, sondern Diener des Schöpfers sein. Hier weiß ich mich der Haltung meines Lehrers Swarowsky verpflichtet, der sich seinerseits auf Richard Strauss berufen hat – und Strauss wiederum auf Hans von Bülow, das „Vorbild aller leuchtenden Tugenden des reproduzierenden Künstlers".[7] Der legendäre österreichisch-amerikanische Dirigent Erich Leinsdorf hat sich mit der Problematik des Missverständnisses, welche dem Begriff des Interpretierens innewohnt, auseinandergesetzt – und seinem sehr interessanten Buch den bezeichnenden Titel *The Composer's Advocat* gegeben.[8] Seiner Meinung nach sollten Dirigenten die Anwälte des Komponisten sein, also ausschließlich deren Sache vertreten, gewissermaßen vor dem Gericht des Publikums. Swarowsky fasste diesen Grundgedanken in folgende Worte:

> Überkompensation mache ich auf meine Kosten und nicht auf die eines anderen. Das könnte man als Leistung ignorieren, wenn man nicht wüsste, um wie viel schwerer es ist, fremden Geist zu einem ihm adäquaten Leben zu bringen, anstatt ihn mit Eigenpersönlichkeit, mit eigenem Temperament, das uns zwanglos zur Hand ist, zu überfremden.[9]

Der Interpret als der ‚Advokat' in diesem Sinne ist also derjenige, der nicht *zwischen* den Zeilen der Partitur liest – sondern *in* den Zeilen, wie Swarowsky es formulierte. Und dies ist schwierig genug. Das ‚natürliche Musizieren' ist eine Chimäre, weil es in kunstvoller Musik keine naive Natur geben kann – und die Berufung darauf oft in die Irre geht. Michael Gielen meinte einmal, dass das ‚natürliche Musizieren' deswegen nicht weit entfernt sei von hirnlosem Musizieren. Er hat wohl recht damit, denn das ‚Natürliche' wäre dann nichts anderes als die von Mahler attackierte Bequemlichkeit und Schlamperei, der bequeme Vorwand, nicht stets neu nachdenken zu müssen. Die Erfahrung des Dirigenten hingegen beruht am Ende auch darauf, mit den unterschiedlichsten Traditionen umgehen zu lernen, um vor diesem Hintergrund aus den Partituren Musik zu machen. Es ist dann Musik für den Augenblick, für die Gegenwart, für die Hörer von heute – aber getragen von hohem Verantwortungsbewusstsein dafür, dass es sich bei den Partituren um Zeugnisse der Vergangenheit handelt. Tradition und Erfahrung bedingen sich gegenseitig, und dieser Prozess kann nie zum Abschluss kommen.

II Annäherung an eine Partitur

ANNÄHERUNGEN

Der Dirigent als Anwalt der Partitur kann sich seinem Gegenstand nicht neutral nähern. Er kann aber auch nicht verbergen oder vergessen machen, dass er ein Mensch der Gegenwart ist – fünfzig, zweihundert oder vierhundert Jahre später handelnd als der Komponist. Er kann zudem auch nicht so tun, als spiele dieser Abstand keine oder nur eine ganz unbedeutende Rolle. Natürlich, Musik erklingt im Augenblick, und dieser Augenblick ist unwiederholbar. Doch die Grundlage der Aufführung beansprucht Dauer und Beständigkeit, weit über diesen Augenblick hinaus. Man kann, wenn man Musik aufführen will, diese Spannung nicht auflösen, man kann sie aber auch nicht leugnen. Man muss sie also berücksichtigen, man muss sie miteinbeziehen – und dies betrifft eben jede Annäherung an eine Partitur, sei sie nun von Mozart, Mahler oder Henze.

Viele junge Kolleginnen und Kollegen lernen ein Werk anhand von Tonaufnahmen kennen, sie sind in der überbordenden Fülle von CDs und der im Internet angebotenen Musik selbst von den entlegensten Stücken vorhanden. Ich habe vor etlichen Jahren einmal eine Aufnahme von Eugen d'Alberts *Die toten Augen* produziert, eine wahre Rarität, von der es damals natürlich keinerlei Tonträger gab. Ich musste also in wochenlanger Arbeit an der Partitur mir eine klare Vorstellung von dem Werk erarbeiten. Es ist heute jedoch selbst in solchen Fällen nicht schwierig, Vergleiche und sogar szenische

Produktionen im Internet aufzurufen. Also ist es kein Problem, von einem Werk einen klanglichen Eindruck zu bekommen. Ein ‚Kennenlernen' ist dies allerdings nicht. Denn wenn ein junger Dirigent zu einem Tonträger greift, so wird das Ergebnis seiner eigenen Interpretation davon abhängen, welche Aufnahme derjenige gerade erwischt. Die eigene ‚Auffassung' wird unwillkürlich oder sogar willkürlich davon beeinträchtigt sein. Diesen Weg sollte man jedoch vermeiden. Der Weg zur Quelle, also zur Partitur, so wie sie der Komponist niedergeschrieben hat, ist unersetzbar. Und erst, wenn man mit dem, was man in der Partitur findet, sicher umgehen kann, kann man sich eventuell Aufnahmen anhören. Denn dann hört man diese kritisch und hat von vornherein den richtigen Abstand zu dem gewonnen, was man dirigieren will.

Nochmals: Der Dirigent als Interpret eines fremden Willens, der sich in der Partitur manifestiert, agiert nicht im luftleeren Raum. So falsch es ist, sich über eine Aufnahme an die Partitur anzunähern, so falsch ist es, die anderen Interpretationen, die es ja gibt, nicht zur Kenntnis nehmen zu wollen. Auch sie sind ja ein Teil der Geschichte geworden, und es kann hilfreich sein, sich wenigstens mit den bedeutendsten von ihnen kritisch auseinanderzusetzen. Es ist dies ein ähnlicher Dialog wie das direkte Gespräch mit Kollegen. Ich erinnere mich an ein Gespräch mit Carlos Kleiber, als wir zufällig nebeneinander bei der Generalprobe zum *Don Giovanni* in der Metropolitan Opera saßen. Kurz vor Beginn fragte er, der in New York war, um Giuseppe Verdis *Otello* zu dirigieren, mich, was ich denn am Haus dirigieren würde, und ich antwortete, es sei die *Bohème*. Und dann setzte er die Frage hinzu, wie ich denn eine bestimmte Stelle genau machen würde. Meine verwirrte Entgegnung, doch hoffentlich so, wie es in der Partitur stehen würde, konterte er mit dem Hinweis, er würde mir nun ein

Geheimnis verraten. Ich solle an dieser Stelle den Einstieg der Sängerin führen und dann das Begleiten dem Orchester allein überlassen, das ja ohnehin die Freiheiten der Sängerin mitverfolgt. Selbst wenn ich ganz aufhören würde zu schlagen, würde das tadellos funktionieren. Meine Annäherung an die Partitur hat sich seitdem nicht nur im Blick auf diese Stelle, sondern insgesamt verändert.

Vor allem in den ersten Jahren des Dirigentenberufes neigt man dazu, die Leistung des Orchesters zu unterschätzen. Erfahrene Musiker kennen die zu spielenden Werke im Allgemeinen so gut, dass sie sehr genau einschätzen können, inwieweit Sänger auf der Bühne eine rhythmische und klangliche Stütze brauchen oder aber erwarten, dass sich das Orchester elastisch an ihren Gesang „anlehnt". Dieser Beitrag des Orchesters muss ganz selbstverständlich in die Kontrolle über das Zusammenspiel von Orchester und Bühne mit einbezogen werden.

Um aber so wichtige Anregungen, die es im Gespräch, in der Aufführung oder durch Aufnahmen, und natürlich auch durch die reiche geschriebene Literatur, geben kann, wirklich begreifen zu können, muss man eine Partitur erst vollständig verinnerlicht haben. Man muss ihre Schwierigkeiten kennen, die sie unterschiedlichen historischen Kontexten, individuellen Vorlieben oder auch nur bestimmten Unsicherheiten verdanken kann. Ein forte bei Mozart ist natürlich etwas anderes als ein forte bei Wagner, doch gibt es bereits im *Tristan* so unterschiedliche Schattierungen von forte, dass man sich darüber klar werden muss. Alles dies prägt die Annäherung an eine Partitur.

E
Fl.
Ob.
a 2
Fg.
Cor.
Tr.
Timp.
Vl.I
Vl.II
Vla.
Vlc. e Cb.
235
E
240
245

Notenbeispiel 1
Mozart *Symphonie KV 551* (Jupitersinfonie), Reprise 4. Satz.
Die zweiten Noten in den Holzbläserfiguren sind jeweils Dissonanzen.

FORM UND TEMPO

Die ersten beiden Säulen eines Partiturstudiums sind die Suche nach der Form und die Suche nach dem richtigen Tempo. Selbstverständlich ist man dabei durch das abstrakte Studium der Formenlehre geprägt, also die Kenntnis von Sonatenform, Liedform, Variationsform usw. Dies bringt man mit – und kann es im Zweifelsfall auch leicht nachschlagen. Doch ist eine Form ja nichts Abstraktes, sie verwirklicht sich in einem Werk auf je individuelle und zuweilen auch zugespitzte Weise. Dafür muss man ein Bewusstsein entwickeln. Die Finalcoda von Mozarts Jupitersinfonie ist beispiellos, obwohl wir sie abstrakt formal leicht klassifizieren können. Wie um dies zu demonstrieren, hat Mozart eine für das 18. Jahrhundert einzigartige Dissonanzenfolge verwendet, die für seine Zeitgenossen buchstäblich ‚unerhört' war. Für diese Dissonanzen haben wir mehr als zweihundert Jahre später kein wirkliches Sensorium mehr; und doch ist das Wissen darum für den Dirigenten bedeutsam.

Oder man muss die vielen formalen Unwägbarkeiten bei Brahms kennen, etwa im Finale der Ersten Sinfonie. Brahms, der sich mit dem letzten Satz seiner 1. Symphonie deutlich an seinem großes Vorbild Beethoven und dessen 9. Symphonie mit seinem Freudenthema orientierte, bietet für uns Dirigenten durch die Vielteiligkeit dieses 4. Satzes eine Fülle von Problemen. Inwieweit sind die Tempi der verschiedenen Abschnitte relationiert? Wie stark kann oder muss man die Tempi modifizieren, ohne die Geschlossenheit des Satzes zu gefährden? All das ist für das Dirigieren bedeutsam, auch deswegen, weil am Ende aus diesem Wissen heraus ununterbrochen Lösungen gesucht und Entscheidungen gefällt werden müssen.

Die Suche nach dem richtigen Tempo ist dagegen eine viel komplexere Angelegenheit. Denn die Form hat vor allem mit der geschriebenen Partitur zu tun, das Tempo mit der klingenden. Anton Schindler bemerkte in seiner Beethoven-Biographie folgendes Detail: „Wenn ein Werk Beethovens zur Aufführung gekommen, so war seine erste Frage allzeit: ‚Wie waren die Tempi?‘ Alles Andere schien ihm secondärer Art zu seyn.“[10] Für Beethoven, und nicht nur für ihn, sondern für alle Komponisten zumindest der Klassik, war also das Tempo die ‚conditio sine qua non‘ aller Form und damit aller Wirklichkeit des Werkes. Selbstverständlich haben sich viele Komponisten zum Thema ‚Tempo‘ geäußert. Wir finden Ausführungen dazu bereits bei Leopold Mozart, aber auch bei Brahms, Strauss oder Strawinsky. Also scheint das Tempo für einen Komponisten ein entscheidender Parameter in seinen Stücken zu sein. Aber, nochmals, das Tempo lässt sich nicht wirklich zweifelsfrei durch die Notation in der Partitur festschreiben, es bedarf dazu Hilfsmittel, die außerhalb der Partitur liegen.

Was also ist das ‚richtige‘ Tempo? Und wie erkennt man es? Um ihre Tempovorstellungen in den gedruckten Noten zu fixieren, halfen sich viele Komponisten mit dem Aufschreiben der Metronomzahlen über dem Satzanfang – sie bedienten sich also eines Hilfsmittels. Der von Johann Nepomuk Mälzel 1815 patentierte Zeitmesser, Metronom genannt, ermöglichte es, die Anzahl der Schläge pro Minute präzise anzugeben (nachdem man sich in den Jahrhunderten davor mit dem Pulsschlag des Menschen begnügen musste). Man sollte meinen, dass damit für alle Zeit eine Sicherheit in der Wahl der Tempi bestehen müsse. Eher das Gegenteil ist der Fall, und dies nicht nur, weil viele Komponisten eben gar keine Metronomzahlen benutzt haben, sondern weil es schon zu Lebzeiten des Erfinders des Metronoms Diskussionen gab, ob so ein Mittel wirklich hilfreich sei oder nicht. Immerhin, der Name hat sich gehalten: MM heißt auch heute noch ‚Mälzels Metronom‘.

Um das Phänomen ranken sich zudem allerlei Legenden, zum Beispiel um die Metronomzahlen bei Beethoven, natürlich auch, um ein Argument dafür zu haben, dass ein nach Beethovens Angaben gewähltes Tempo einfach falsch sein müsse. Das von Beethoven benutzte Metronom sei ungenau gewesen, er habe die meisten Angaben ja erst nachträglich, bei immer weiter abnehmendem Gehör hinzugefügt etc. etc. Dennoch, ein Metronom genau derselben Bauart, wie es Beethoven verwendet hat, befindet sich noch heute im Archiv der Gesellschaft der Musikfreunde in Wien. Und es ergab bei überprüften Messungen exakt dieselben Tempi wie ein elektronisches Gerät der Gegenwart, zum Beispiel der Marke Cadenza®. Es gibt also keinen Grund, die einzigen greifbaren Hinweise zur Bestimmung des Tempos von vornherein infrage zu stellen. Dies hängt natürlich auch mit äußeren Umständen zusammen. Die Erinnerung an Tempi einer ersten beeindruckenden Aufführung, sowieso schon problematisch, weil Erinnerungen immer ein unzuverlässiges Argument sind, kann dabei ebenso hinderlich sein wie eine CD-Produktion. Hört man diese gern oder oft, so verstellt dies den Blick für eine klare Beurteilung der Tempi einer anderen Aufführung sogar weitgehend.

Um beim Beispiel von Beethoven zu bleiben. Er hat vor allem seinen neun Symphonien, einigen Streichquartetten und Einzelwerken präzise Metronomzahlen mitgegeben. Dass sich sentimentale Auffassungen von Beethovens Werk, vor allem in der späten Romantik und in der ersten Hälfte des 20. Jahrhunderts, in Traditionen festgesetzt haben und über Generationen weitergereicht wurden, ändert nichts an der Tatsache, dass diese oft behäbigen Aufführungen einfach nur falsch sind, weil sie den Charakter der Werke verfälschen. Man kann von ‚richtig' und ‚falsch' ja nur selten sprechen, aber im Falle der

Tempowahl kann man es durchaus, und zwar dann, wenn man exakte Angaben hat. Wie oft hört man den ersten Satz von Beethovens *Eroica* pathetisch dahinstampfen, obwohl der Komponist seiner Tempobezeichnung ‚Allegro con brio' (lebhaft, schwungvoll) schließlich die Metronomzahl punktierte Halbe = 60 hinzugefügt hat; ein Indiz zudem dafür, dass dieser Satz ganztaktig gedacht ist. Noch mehr Kritik muss man als Dirigent einstecken, wenn man den zweiten Satz der *Eroica*, also den Trauermarsch, im von Beethoven bezeichneten Tempo spielt. Weil dieser Satz den programmatischen Titel *Marcia funebre* (also Trauermarsch) trägt, verbunden mit der Tempobezeichnung ‚Adagio assai' (also etwa: ziemlich langsam), wird er zumeist unendlich langsam gespielt. In der Partitur hingegen ist ein 2/4-Takt als Metrum angegeben. Damit bezieht sich das ‚Adagio assai' auf die zwei Schläge im Takt – und nur vor diesem Hintergrund wird die Metronomangabe von Achtel = 80 wirklich sinnvoll. Zudem muss man wissen, dass mit diesem Trauermarsch ein Konduktschritt verbunden ist, der auch heute noch bei Beerdigungen auf dem Wiener Zentralfriedhof praktiziert wird. Ein Konduktschritt ist ein Halbschritt, bei dem der eine Fuß jeweils nur zur Hälfte des anderen, schreitenden Fußes vorrückt. So erklärt sich Beethovens Taktangabe (die eben kein Vierermetrum ist), denn innerhalb eines 2/4-Taktes ergeben sich auf diese Weise nur zwei ganze Schritte. Bedenkt man diesen Zusammenhang, so erscheinen Taktbezeichnung, Tempoangabe und Metronomzahl vollkommen logisch. Das wird unterstrichen durch die Auftakt-Wirbel der tiefen Streicher zu Beginn eines jeden Taktes, zweifellos Imitationen der charakteristischen Wirbel auf der Trauertrommel. Sie zeigen überdeutlich an, dass es sich wirklich um einen konduktischen 2/4-Takt – und nicht etwa um einen 4/8-Takt – handelt. Ich habe es selbst an bösen Kritiken erlebt, dass die

Notenbeispiel 2
Beethoven 3. *Symphonie* (Eroica), Beginn 2. Satz.
Beethovens Metronom-Angabe von 1817: Achtelnote = 80. Als Metrum ist vom Komponisten 2/4 angegeben!

Entscheidung, Beethovens Metronomzahlen zu folgen, Irritationen auslösen kann. Aber dies sollte einen nicht davon abbringen, dem in der Partitur deutlich ausgedrückten Willen des Komponisten zu folgen und nicht falschen Traditionen. Natürlich haben sich auch andere Komponisten der Hilfe des Metronoms bedient. Verdi z. B. schreibt generell neben das in Worte gefasste Tempo eine Metronomzahl. Bei ihm gilt damit offenbar, dass der Schlag des Dirigenten dem Metrum, das vor der Zahl angegeben ist, entsprechen muss – gegebenenfalls unabhängig von der Taktart, die (ohne Metronom) einen anderen Schlag nahelegen könnte. Auch Richard Wagner hat in seinen früheren Werken Metronomzahlen verwendet, aber er ist später wieder davon abgekommen, auch dies ist ein wichtiger Hinweis auf die in der Romantik stattgefundene Veränderung in der Tempobehandlung, Gleichzeitig ist Wagner ab der Komposition des *Lohengrin* dazu übergegangen, die üblichen italienischen Bezeichnungen durch deutsche Angaben zu ersetzen (wie es etwa auch Schumann praktiziert hat). Auch dies ist wichtig zu bedenken, denn ‚Allegro' war um 1850 ein ganz konventioneller Begriff. ‚Lebhaft' (wie in Schumanns *Rheinischer Symphonie)* war es dagegen aber ebenso wenig wie ‚Ruhig heitere Bewegung' (über dem Beginn des *Rheingold*-Vorspiels).

TAKT UND RELATION

Geben einem Beethovens Werke, wenigstens jene, die von ihm mit Metronomzahlen versehen worden sind, noch eine gewisse Sicherheit bei der Tempowahl, so ist man bei Werken ohne derartige Angaben vollkommen auf sich gestellt. Die Ursachen für dieses Fehlen können ganz unterschiedlich sein, im Falle Wagners etwa ist es vorsätzlicher Verzicht, in anderen Fällen eine grundsätzliche Weigerung, denn in der Romantik empfanden viele Komponisten Metronomzahlen als Beschränkung ihrer schöpferischen Freiheit. So oder so, es gibt also in der Partitur kein Hilfsmittel zur Fixierung des Tempos, es bleibt uns nur der reine Notentext. Und dennoch müssen ja fortwährend Entscheidungen auf dieser Grundlage getroffen werden. Gerade in diesen Fällen kommen andere Kriterien ins Spiel. Schon Leopold Mozart, für den der Takt die „Seele der Musik" war, gab Hinweise darauf, in welch enger Relation Tempo und Takt stehen:

> Man muss nicht nur den Tact richtig und gleich schlagen können: sondern man muss auch aus dem Stücke selbst zu errathen wissen, ob es eine langsame oder eine etwas geschwindere Bewegung erheische. Man setzet zwar vor iedes Stück eigens dazu bestimmte Wörter, als da sind: *Allegro*, lustig; *Adagio*, langsam, u.s.f. Allein das Langsame sowohl als das Geschwinde und Lustige hat seine Stuffen. Und wenn auch der Componist die Art der Bewegung durch Beyfügung noch anderer Beywörter und Nebenwörter deutlicher zu erklären bemühet ist: so kann er doch unmöglich jene Art auf das genaueste bestimmen, die er bey dem Vortrage des Stückes ausgedrückt wissen will. Man muss es also aus dem Stücke selbst herleiten: Und hieraus erkennet man unfehlbar die wahre Stärke des Musikverständigen. Jedes melodische Stück hat wenigstens einen Satz, aus welchem man die Art der Bewegung, die das Stück erheischet, ganz sicher erkennen kann. Ja oft treibt es mit Gewalt in seine natürliche Bewegung; wenn man anders mit genauer Achtsamkeit darauf siehet. Man merke dieses, und wisse aber auch, dass zu dieser Erkenntnis eine lange Erfahrung, und eine gute Beurtheilungskraft erforderet werde. Wer wird mir also widersprechen, wenn ich es unter die Vollkommenheiten der Tonkunst zähle?[11]

Sein Sohn Wolfgang hat diese Auffassung gänzlich geteilt. Im Oktober 1777 schrieb er über die gerade achtjährige Nanette Stein an seinen Vater:

> Sie ist 8 halb jahr alt, sie lernt nur noch alles auswendig. sie kann werden: sie hat genie. aber auf diese art wird sie nichts. [...] sie wird das nothwendigste und härteste

> und die hauptsache in der Musique niemahlen bekommen, nämlich das tempo, weil sie sich von jugend auf völlig befliessen hat, nicht auf den tact zu spiellen. H: *stein* und ich haben gewis 2 stund mit einander über diesen Punct gesprochen.[12]

Diesen Hintergrund kann man sehr ernst nehmen, das Tempo allein bedeutet noch nichts. Entscheidend für eine Aufführung sind die Konzeption der Tempi, ihre Relation zum jeweiligen Takt und ihre Relation untereinander, innerhalb eines Satzes, aber auch innerhalb des gesamten Stückes. So stehen z. B. langsame Einleitungen eines ersten Satzes in Werken der Klassik nie für sich allein, das Tempo steht immer in klarer Relation zum folgenden raschen Teil (von Ausnahmen bei Beethoven abgesehen). Das wird einem auch dann sofort klar, wenn man sich vorstellt, dass solche Übergänge zur Zeit Mozarts ja nicht im modernen Sinne dirigiert wurden, sondern dass sie sich aus dem Zusammenhang ergeben mussten. Anders wären sie gar nicht realisierbar gewesen.

Um beim Beispiel Mozarts zu bleiben. An der berühmten *Kleinen Nachtmusik* lässt sich z. B. wie kaum an einem anderen Werk eine vollkommene Geschlossenheit des Tonfalls erkennen, und aus dieser Geschlossenheit lässt sich auch eine ‚Tempo-Klammer' für die Sätze entwickeln. Es könnte sich also folgendes Tempo ergeben, ausgedrückt in Metronomisierungen:

1. Satz – Allegro – 4/4 – Viertel = 120 bis 132
2. Satz – Andante – Alla breve – Halbe = 60 bis 66
3. Satz – Menuetto – Allegretto 3/4 – Viertel = 120 bis 132
4. Satz – Rondo. Allegro – Alla breve – Halbe = 120 bis 132

Notenbeispiel 3
Mozart *Ouvertüre zu Don Giovanni.*
Die Noten der Bratschen setzen sich im Molto Allegro in völlig gleicher Bewegung fort.

Damit kreisen alle Sätze um ein einheitliches Metrum von 60 bzw. 120, woraus sich die Temporelationen plausibel ableiten lassen. Oftmals sind derartige Temporelationen auch problemlos aus Figurationen oder Begleitfiguren zu erkennen. Ein schönes Beispiel dafür liefert die Ouvertüre zum *Don Giovanni.* Die Bratschen verbinden den langsamen und den schnellen Teil ganz unmittelbar. Die Zweiunddreißigstel von Takt 30 ‚verwandeln' sich einfach in die Achtel des ersten *Molto-Allegro*-Taktes.

Bedenkt man dies, so wird auch erkennbar, dass ein *ritardando* hier ganz unsinnig ist. Die Partituren verraten also durchaus oft, wenn man nur genau hinschaut, etwas über die Temporelation – und damit über das Tempo selbst, auch wenn es keine zusätzlichen Angaben gibt.

Bei Schubert gibt es ein inzwischen berühmt gewordenes Beispiel solcher Temporelationen. Im ersten Satz der großen C-Dur-Sinfonie war das Alla breve des *Andante* am Beginn lange Zeit unbekannt, in alten Ausgaben stand statt des Alla breve als Metrum 4/4. Das führte (und führt bisweilen noch heute) dazu, dass der Beginn der Symphonie in Viertel dirigiert wurde und somit viel zu langsam genommen wurde (und wird). Es bedurfte also nicht nur einer großangelegten Steigerung, sondern auch eines heftigen *accelerando,* um das Tempo des Hauptsatzes *Allegro, ma non troppo* überhaupt erreichen zu können. Das ist meines Erachtens nicht nur eine völlige Missachtung des Notentextes, sondern führt in den Temporelationen völlig in die Irre. Und auch hier gibt zudem die punktierte Begleitfigur der Bässe nahtlos den Punktierungsrhythmus des Hauptsatzes vor, sinnvoll nur dann erkennbar, wenn es eben kein *accelerando* gibt. Die Triolen der danach einsetzenden Bläser entsprechen logischerweise genau den Streichertriolen der Einleitung.

Notenbeispiel 4
Schubert *8. Symphonie in C-Dur*, Einleitung 1. Satz.
Die Bassfiguren vor und nach dem Doppelstrich sind im gleichen Tempo zu spielen und das, ohne vorher zu beschleunigen. Da das Metrum zu Beginn *alla breve* heißt, muss man also das völlig gleiche Tempo bereits zu Beginn nehmen.

INTEGRITÄT DER PARTITUR

Im 19. Jahrhundert, in dem die Persönlichkeit des Künstlers zunehmend größere Bedeutung gewann, änderte sich natürlich auch die Praxis des Dirigierens. Richard Wagner z. B., der ja auch als brillanter Dirigent berühmt war, wurde von Eduard Hanslick anlässlich eines Wiener Konzerts vorgeworfen, dass er während einer Beethoven-Aufführung unentwegt die Tempi modifiziert habe. Die ganze Aufführung sei zwar kolossal interessant gewesen, voller unerhörter Effekte. Aber schon Hanslick bemerkte, dass diese Modifikationen mehr über Wagner verrieten als über Beethoven. Auch das Tempo ist natürlich Teil der Integrität einer Partitur.

Es ist interessant, dass ständige Veränderungen des Tempos in der zweiten Hälfte des 19. Jahrhunderts immer stärker zu stilistischen Eigenarten von Kompositionen geworden sind. Es ist schwer zu sagen, ob die in älteren Aufnahmen anzutreffenden Orchesterrubati ihren Ursprung in dieser Tempovielfalt haben – oder ob sie selbst eine Reaktion auf die Aufführungspraxis waren. So oder so, in solchen Fällen sind die Tempowechsel eben exakt in den Partituren festgehalten, man denke nur an Tschaikowsky oder Puccini. Dort gibt es Veränderungen oftmals innerhalb weniger Takte oder sogar innerhalb eines Taktes. In den ersten 30 Takten der *Tosca* sind es fünf Tempo- und vier Taktwechsel. Rein technisch erfordern solche sich unentwegt verändernde Tempi vom Dirigenten Souveränität und ein ziemliches Können, das jedoch ausschließlich durch Erfahrung zu erwerben ist. Denn es muss ja der Zusammenhang gewahrt werden.

Das *rubato* (ein wenig frei) war durchaus umstritten, und deswegen ist hier besondere Vorsicht angezeigt. Wenn es in der Partitur steht, so wie bei Puccini, dann muss es umgesetzt werden. In anderen Fällen geht es wohl eher um Zurückhaltung. Wolfang Amadé Mozart hat dies in dem bereits zitierten Brief über sein eigenes Spiel festgehalten:

> Daß ich keine grimaßen mache, und doch so expreßive spielle, daß noch keiner, nach seinen bekentniss, seine Piano forte so gut zu tractiren gewust hat. daß ich immer accurat im tact bleybe. über das verwundern sie sich alle. Das Tempo rubato in einem Adagio, daß die lincke hand nichts darum weiß, können sie gar nicht begreifen. bey ihnen giebt die lincke hand nach.“[13] Und auch Vater Leopold war in ähnlicher Weise skeptisch: „Viele, die von dem Geschmacke keinen Begriff haben, wollen bey dem Accompagnement einer concertirenden Stimme niemals bey der Gleichheit des Tactes bleiben; sondern bemühen sich immer der Hauptstimme nachzugehen. Dieß sind Accompanisten für Stümpler und nicht für Meister. Wenn man manche italiänische Sängerin, oder sonst solche Einbildungsvirtuosen vor sich hat, die dasjenige, was sie auswendig lernen, nicht einmal nach dem richtigen Zeitmaaße fortbringen; da muß man freylich ganze halbe Täcte fahren lassen, um sie von der öffentlichen Schande zu retten.[14]

Daraus ersieht man, dass die Freiheit des Vortrags nur innerhalb von zwei Taktstrichen Platz hatte, d. h. der Solist bei der nächsten Eins wieder mit der Begleitung zusammen zu sein hatte. Der Rubato-Vortrag gehört also vor allem zum Adagio und zum Sänger. Ich erwähnte schon, welche Bedeutung das Tempo für Beethoven hatte. Schindler äußert sich aber auch zum Rubato:

> Vorab muss jedoch bemerkt werden, daß der Terminus ‚freier Vortrag‘ [...] in irrthümlicher Weise mit dem tempo

> rubato des italienischen Sängers als gleichbedeutend gehalten wird. Schon der Umstand, da letzteres zumeist nur in der Opera buffa sein Recht behauptet, während es in der seria kaum gekannt ist, zeiget, daß ein solcher Begriff mindestens schwanken ist. Beethoven protestierte gegen die Anwendung dieses Terminus bei seiner Musik [...].[15]

Beethoven war offenbar der dezidierten Meinung, dass jeder Interpret seine Musik so spielen solle, wie sie da steht – und dass die freie Verbindung der Teile, die Heraushebung und Zurückstellung eher Ausnahmen sein sollten.

Die meisten Tempovorstellungen, und auch dies ist ein Teil der Integrität einer Partitur, beziehen sich auf den Charakter und nicht auf die Bewegung eines Stückes. Das grundsätzlich gleichbleibende Zeitmaß kann vor diesem Hintergrund verschiedene Tempi ergeben, wenn man unter ‚Tempo' diesen Charakter mit allen anderen Gestaltungsfaktoren versteht. Das Tempo als Gestaltungsmittel, etwa in plötzlichen Veränderungen, ist ohnehin ein Verfahren, das erst im 19. Jahrhundert wirklich entstanden ist. Gleichwohl besteht kein Grund, an der Einheit der Partitur in diesem Sinne zu zweifeln. Denn wenn die Wechsel stattfinden sollten, wurden sie von den Komponisten auch notiert, sei es in Ausführungsanweisungen oder in regelrechten Schnitten. Es tut zuweilen gut, sich darauf zu besinnen, dass Tempovorschriften eigentlich Charakterbezeichnungen meinen, dass also ein ‚*Andantino*' nicht unbedingt ‚schneller' ist als ein ‚*Andante*', sondern im Charakter leichter.

Zur Frage nach der Integrität einer Partitur gehört auch diejenige der Retuschen. Bei allen Veränderungen des Notentextes, sieht man einmal von offenkundigen Druckfehlern ab, geht es darum, die vom Komponisten in seiner Partitur gemachten Klangvorstellungen keinesfalls zu verändern. Es geht also darum, die Klarheit des Klangbildes zu fördern. Dieses Argument bringen freilich auch diejenigen stets vor, die gravierend in das Klangbild eingreifen – also die Behauptung, dass dies eigentlich nur der Sache diene. Doch eine Veränderung der Sache, um die Sache klarer zu machen, erscheint einigermaßen fragwürdig. Hier ist folglich das genaue Gegenteil gemeint, also die größte Zurückhaltung, gepaart nur dann mit Eingriffen, wenn sie fast unvermeidlich sind. Da sich zudem die verwendeten Orchesterinstrumente seit der Zeit der Entstehung der aufzuführenden Werke manchmal gravierend verändert haben, muss man versuchen, die damit verbundenen Probleme auszugleichen. Auch bei der Verwendung historischer Instrumente wird ja oft vergessen, dass ein Orchester von 1750 sich sehr weit von einem aus dem Jahr 1790 unterscheidet, jedenfalls viel weiter als ein Orchester von 1950 von einem um 1990. Ich will ein Beispiel nennen. Die fehlende fünfte Kontrabass-Saite wurde von Johannes Brahms dadurch kompensiert, dass er Basslinien, die er unter die tiefste Saite, die E-Saite geführt hat, jeweils eine Oktave höher legte. Heutzutage ist es kein Problem, z. B. in der Zweiten oder in der Vierten Sinfonie, die Basslinien bis zum tiefen C zu führen und somit dem logischen Verlauf der Basslinie zu folgen. Oder da die Naturtrompeten in der Klassik natürlich ausschließlich Naturtöne spielen konnten, entstehen bei Haydn oder Beethoven zuweilen befremdliche Septim- oder Non-Sprünge. Wenn man also ‚moderne' Instrumente nimmt, ist dies mit Hilfe der Ventile mühelos auszugleichen; bei Verwendung eines historischen Instrumentariums sieht das natürlich ganz anders aus, hier gehören die Unzulänglichkeiten der Blechblasinstrumente, nur Naturtöne spielen zu können, zum Stil ihrer Zeit und müssen unbedingt in Kauf genommen werden um das Klangbild der Entstehungszeit zu erzielen.

Notenbeispiel 5
Wagner *Tristan und Isolde,* 3. Akt, 1. Szene.
Nur durch das plötzliche Zurückgehen auf piano beim Einsatz des großen Orchesters ist Tristan zu hören.

Retuschen lassen sich immer leicht durch irgendetwas rechtfertigen, sie sollten aber mit der größten Sorgfalt, dem größten Verantwortungsbewusstsein und dem größten Zögern vorgenommen werden. Auch hier gilt der Grundsatz, dass die Partitur die ‚Bibel' des Dirigenten ist – und dass der Text dieser ‚Bibel' unverändert bleiben sollte. Denn selbst wenn man daran entschieden festhält, können die klanglichen Resultate trotzdem noch unterschiedlich genug sein.

ARTIKULATION UND DYNAMIK

Eine ausgearbeitete Partitur bietet in der Regel eine Fülle hoch differenzierter Artikulationszeichen, und dies trifft nicht nur auf Stücke des 19., 20. oder 21. Jahrhunderts zu. Gleichwohl sind die großen Unterschiede zu bedenken. Sie resultieren aber nicht nur aus unterschiedlichen historischen Epochen, sondern auch aus unterschiedlichen Kontexten, seien diese regionaler oder institutioneller Art, und aus unterschiedlichen individuellen Verfahrensweisen. Alles dies erfordert sehr genaue Abwägungen und Überlegungen. Von den sehr unterschiedlichen Bedeutungen von Keilen oder Punkten war bereits die Rede. Ein *marcato* in einer Verdi-Partitur bedeutet etwas anderes als bei Wagner, und die unterschiedliche Ausführung durch das Orchester muss vom Dirigenten beachtet werden. Ein *sforzato* ist in der Regel eine Hervorhebung innerhalb der geltenden Dynamik (die forte, mezzoforte oder piano sein kann), es handelt sich also um eine Verstärkung. Ein *fortepiano* (fp) ist dagegen ganz etwas anderes, weil es um den scharfen dynamischen Kontrast geht. Zuweilen lässt sich erst im Kontext einer Partitur entscheiden, wie die Umsetzung genau zu erfolgen hat. Bei Mozart z. B. bedeutet fp ein sehr rasches Abschwellen des

Tones nach dem forte-Einsatz, wogegen in der Spätromantik ein ganz ruckartiger Wechsel vom forte zum piano gemeint ist.

Wie schwierig die dynamische Disposition in einem Werk sein kann, lässt sich an einer Beobachtung des Chorleiters Heinrich Porges erkennen. Er war einer der Assistenten bei der ersten Bayreuther *Ring*-Aufführung 1876 und hat dazu viele Beobachtungen festgehalten:

> Bei den Proben des Nibelungenringes stellte es sich nämlich als eine Nothwendigkeit heraus, an vielen Stellen die dynamischen Bezeichnungen der Tonstärke zu ermäßigen, öfter an die Stelle eines fortissimo ein forte, an die Stelle eines forte ein mezzo forte u.s.w. zu setzen. Dies geschah aus dem Grunde, um vor allem Wort und Ton des Sängers zu deutlichem Vernehmen gelangen zu lassen; denn wir sollen eben keinen Moment vergessen, dass wir einer dramatischen Aufführung, die durch die überzeugende Gegenwärtigkeit einer dem wirklichen Leben nachgebildeten Handlung zu wirken hat, beiwohnen, und nicht etwa ein Werk der rein symphonischen Kunst aufzunehmen haben. Für den Vortrag jener symphonischen Sätze, bei denen gleichzeitig der Darsteller durch das gesungene Wort wirken soll, gilt daher die Vorschrift, dass bei ihnen die Kraft der Tongebung nie den äußersten Grad erreichen darf.[16]

Alle dynamischen Verhältnisse sind also vor solchen Hintergründen sehr genau zu erwägen. Um beim Beispiel Wagner zu bleiben. Im zweiten Akt des *Lohengrin* gibt es eine besonders problematische Stelle. Um Friedrich von Telramund überhaupt hörbar zu machen, ist eine Anpassung der Dynamik unerlässlich.

Notenbeispiel 6
Wagner *Lohengrin,* 2. Akt, 5. Szene.
Nur wenn man im Takt des Einsatzes von Telramund das ganze Orchester mit Diminuendo bis mezzoforte zurücknimmt, ist Telramund gut zu hören.

Es gehört demnach zu den wichtigen Aufgaben des Dirigenten, bei den Proben die Anpassung der Dynamik der verschiedenen Orchestergruppen vorzunehmen. In der Oper müssen zuweilen dynamische Verhältnisse sogar erst festgelegt werden, denn dort bereitet die Gefahr, die Sänger durch Klangmassen geradezu zu überschwappen, nicht geringe Probleme. Das gilt natürlich insbesondere bei großbesetzten Werken wie jenen von Wagner, Strauss oder Puccini. Ein forte ist also nicht definiert durch eine bestimmte Lautstärke, sondern steht immer im Verhältnis zu allen Spielern und Sängern. Bei Strauss, dessen Musik durch den oft dichten polyphonen Satz die Sänger zuweilen regelrecht bedrängt, muss man sogar darauf achten, dass es, wie Richard Strauss das selbst nannte, ein ‚begleitendes Forte' gibt. Es geht also um viel Klang, ohne zu laut zu werden.

Eine wichtige Frage bei der Artikulation ist auch das *Vibrato*. Es ist in bestimmten Haltungen zur Ideologie geworden, das Vibrato generell abzulehnen. Wir wissen jedoch aus vielen Dokumenten, dass das Vibrato auch im 18. Jahrhundert schon eine große Rolle spielte. Die von manchen meiner Kollegen aufgestellte Behauptung, man hätte bis zum Anfang des 20. Jahrhunderts generell kein Vibrato angewandt, ist historisch gesehen völliger Unsinn. Das heute praktizierte Dauervibrato, durch welches man sich auch die Intonation erleichtert, hat es sicher nicht gegeben. Aber als spezielles Ausdrucksmittel gehörte es sehr wohl zur allgemeinen Musizierpraxis. Man bedenke, was Leopold Mozart in der bereits erwähnten ‚Gründlichen Violinschule' über das Vibrato schrieb:

> Das Tremolo [er meint Vibrato] ist eine Auszierung, die aus der Natur selbst entspringt, […] wenn wir […] eine Glocke stark anschlagen, so hören wir nach dem Schlage eine gewisse wellenweise Schwebung (ondeggiamen-

> to) des angeschlagenen Tones. Und diesen zitternden Nachklang nennt man Tremolo oder Tremoletto.

In §2 wird sogar genau erklärt, wie die Ausführung auf einem Streichinstrument praktiziert wird. Vor dem übermäßigen Vibrieren warnt Leopold Mozart allerdings mit den Worten: „Es gibt schon einige Spieler, die bei jeder Note beständig zittern, als wenn sie das immerwährende Fieber hätten".[17]

Neben der Verzierungspraxis, die auch im Belcanto des 19. Jahrhunderts noch eine große Rolle spielt, kommt den *Appoggiaturen* besondere Bedeutung zu, also der Einfügung von Zwischentönen und Verzierungen vor allem bei Kadenzen. Es geht dabei stets um Selbstverständlichkeiten, die in der Regel nicht notiert wurden. Hier ist eine sehr genaue Abwägung erforderlich, wann und in welchem Maße man sie einsetzt, nicht nur in den Rezitativen, wo sie – wenn auch nicht an jeder Stelle – dem Ausdruck zuliebe angebracht sind. Wie schwierig die Verhältnisse sind, zeigt sich bei einem Blick auf das Finale von Beethovens Neunter Sinfonie. Bei der instrumentalen Einleitung erklingt das Rezitativ zunächst in den tiefen Streichern; deutlich wird in der Vortragsanweisung vermerkt, dass dies auch wie ein Rezitativ klingen soll. Bei der Wiederholung als tatsächlich gesungenes Rezitativ („O Freunde, nicht diese Töne!") muss man als Sänger der geschriebenen Spielweise für das Orchester folgen und am Ende der ersten Phrase, wie das Orchester eine Appoggiatur (g–f) machen. Zu Beethovens Zeit wurde vorausgesetzt, dass jeder Sänger um diese Ergänzung weiß und sie auch ausführt.

Notenbeispiel 7
Beethoven 9. *Symphonie*, 4. Satz.
Die Bass-Linie ist von Beethoven mit Appoggiatur (also g) komponiert.

Notenbeispiel 8
Beethoven *9. Symphonie*, 4. Satz.
Die Gesangslinie muss hier entsprechend der Bass-Linie in Beispiel 7 ebenfalls mit Appoggiatur gesungen werden.

Recit.
Brt. Solo
son-dern laßt uns an - - - ge-neh-me-re an-
Let us raise a song of sym-pathy, of
Vl.I
Vl.II
Vla.
Vlc. e Cb.
colla voce
225
Fl.
Ob.
Cl.
Fg.
Cfg.
Cor.
Tr.
Timp.
a 2
1.2.
ad lib.
stimmen, und freu - - - - - - den-vol-le-re.
gladness, O Joy let us praise thee!
230
235

DETAILFESTLEGUNGEN IN DER PROBENARBEIT

In Proben Präzision zu erarbeiten, ist zwar eine wichtige Voraussetzung für die Aufführung und die Verantwortung des Dirigenten, es ist aber nicht alles. Es ist ebenso wichtig, den Geist eines Stückes zu erfassen. Als Hans von Bülow, der berühmte Dirigent und Mentor des jungen Richard Strauss, in Berlin dessen *Don Juan* dirigierte, fragte er anschließend den anwesenden Komponisten um seine Meinung über die Aufführung. Strauss habe erwidert, es sei ein interessantes Musikstück gewesen, aber nicht sein *Don Juan*. Und auf die Frage eines auf seine Genauigkeit besonders stolzen Dirigenten nach Strauss' Meinung zu einer angeblich 100% präzisen Aufführung, soll dieser entgegnet haben, warum er es denn so genau wolle. Gerade Strauss stürzt einen dabei immer wieder in Verwirrung, war er doch selbst ein penibel präziser und strenger Dirigent seines eigenen *Heldenleben* – während der Widmungsträger des Werkes, Willem Mengelberg, es mit vielen *rubati* und erheblichen Instrumentations-Retuschen aufgeführt hat. Die Freundschaft zwischen Mengelberg und Strauss hat dies nicht beeinträchtigt.

Strawinsky, der ‚Tenöre des Taktstocks' verabscheute, hingegen war der Auffassung, dass es in seinen Werken gar nichts zu interpretieren gebe:

> Ich habe es oft gesagt, dass meine Werke gelesen, aufgeführt, aber nicht ‚interpretiert' werden sollen. Ich sage es noch immer, denn ich finde nichts in ihnen, was eine ‚Interpretation' erfordern würde.[18]

Natürlich ist dies ebenso übertrieben und einseitig wie bei Strauss, aber es bleiben doch noch enorme Schwierigkeiten für den Interpreten, weil auch bei Strawinsky, trotz seiner sehr genauen Notation, durch die Unzulänglichkeit der Notenschrift noch etliche Freiräume für die Interpretation bestehen bleiben. Das gilt natürlich auch für die Festlegung der Agogik und der Phrasierung. Nicht die bequemste Phrasierung ist die richtige, sondern jene, die mit dem Sinn der Partitur übereinstimmt. Das gilt natürlich auch für die Agogik, also nicht die groben, sondern die feinnervigen Veränderungen des Tempos, die oft von der Phrasierung abhängig sind. Man muss sich darüber im Klaren sein, dass alle Entscheidungen dabei auf besondere Weise von den technischen Möglichkeiten der Instrumente abhängen. Ich habe es mir daher zur Gewohnheit gemacht, mein Material wenn möglich selbst einzurichten. Auch dieser Prozess verschafft einem nochmals Klarheit über die Möglichkeiten eine Partitur. Nichts ist so leicht herzustellen wie eine unsinnige, weil willkürliche Phrasierung. Interessant ist es übrigens, dass sich gegen 1900, also am Anfang der Virtuosenzeit, die zahlreichen ‚negativen' Vortragsanweisungen häufen, möglicherweise vor dem Hintergrund einer zunehmenden Willkür: ‚nicht drängen', ‚im Tempo', nicht zu schnell' etc. etc.

Hat man dann in der Orchesterprobe alle diese Details gründlich probiert und kann man sich sicher sein, dass das Orchester richtige Noten im richtigen Tempo und in der richtigen Dynamik spielt, dann sollte man sich am Abend nicht mehr auf die Einzelheiten konzentrieren. Nun wird es darum gehen, im Augenblick der Aufführung die Form und den Charakter der Komposition zu treffen. Dort gibt es immer noch Unwägbarkeiten genug, Pannen, Schmisse, klingelnde Telefone im Publikum, lautes Husten etc. – doch dies lässt sich nicht kalkulieren und höchstens im Augenblick beherrschen. Am Abend wird es darum gehen, das Werk im Sinne des Komponisten zum Klingen zu bringen, also so, wie er sich selbst die

Aufführung gewünscht hat. Mozart beschreibt dies, zwar bezogen auf das Prima-Vista-Spiel, aber doch auch auf die Rolle der Aufführung: Die Kunst bestehe darin, „das stück im rechten tempo wie es seyn soll zu spiellen. Alle noten, Vorschläg Etc: mit der gehörigen expreßion und gusto, wie es steht auszudrücken, so, das man glaubt, derjenige hätte es selbst Componirt, der es spiellt".[19]

III Oper und Konzert dirigieren

OPERNHAUS UND KONZERTSAAL

Ein Dirigent hat vor allem zwei Wirkungsstätten, die unterschiedlicher nicht sein könnten: Opernhaus und Konzertsaal. Es gibt also demnach Klangkörper, die vor allem in der Oper spielen, und solche, die auf das Konzert festgelegt sind. Und es gibt Dirigenten-Positionen, die nahezu ausschließlich auf die Oper gerichtet sind (wie etwa an der Deutschen Oper am Rhein) oder ausschließlich auf das Konzert (wie bei den Berliner Philharmonikern oder vielen amerikanischen Orchestern). Mit beiden Institutionen verbinden sich ganz unterschiedliche dirigentische Herausforderungen, die alle denkbaren Ebenen betreffen. Operndirigenten müssen zunächst einmal technisch sehr versiert sein. Denn sie müssen zwei räumlich voneinander getrennte Ebenen perfekt miteinander kombinieren, also das Orchester im Graben und die Bühne; ein direkter Kontakt zwischen den Akteuren ‚oben' und ‚unten' ist zumeist schwierig oder gar nicht möglich, in Häusern wie dem Bayreuther Festspielhaus sogar grundsätzlich ausgeschlossen. Die meist ziemlich tief placierten Orchestermusiker in der Oper – sehr hohe Orchestergräben wie in der Wiener Staatsoper sind heute die Ausnahme – hören die Sänger höchst mangelhaft, sehen diese überhaupt nicht – sollen sie aber völlig synchron begleiten. Sie sollen sich ihnen außerdem dynamisch ganz anpassen – obwohl sie deren Lautstärke nur verzerrt, wie durch einen Filter mitbekommen. Zudem hören die Instrumentalisten nicht nur die Sänger nicht gut, sie hören sich auch untereinander kaum und in jedem Fall immer beeinträchtigt. Und doch erwarten alle, dass jedes Atmen, jede Freiheit der Sänger Berücksichtigung in der Begleitung findet – als ob die perfekte, die synchrone Koordination unter diesen Umständen die selbstverständlichste Sache der Welt wäre. Zudem ist der Lärmpegel im Orchestergraben ausgesprochen hoch, selbst wenn er für die Musiker zuweilen durch Plexiglaswände oder, individuell, durch Ohrenstöpseln abgemildert werden kann.

Der Operndirigent muss also nicht nur die Koordination der Musiker im Orchestergraben, sondern auch gleichzeitig die Kontrolle über alles klangliche Geschehen von Solisten und Chören auf der Bühne gewährleisten – angesichts der regulären Verhältnisse in einem Opernhaus fast ein Wunder. Zudem sind viele Opern des heutigen, seit Jahrzehnten recht stark festgelegten Repertoires sogenannte ‚Nummernopern', also bestehend aus klaren Einheiten, die in der Aufführung oftmals durch Beifall unterbrochen werden. Es gilt also, schnell wechselnde Stimmungen der einzelnen Szenen zu treffen und das Ganze dennoch zusammenzuhalten. Alle diese Aufgaben sind schwierig genug. Sie werden jedoch weiter erschwert durch oftmals avancierte Regiekonzepte, in denen die Sänger an akustisch besonders ungünstigen Plätzen arrangiert werden. Das gilt auch für die Chöre, die nicht selten – ohne Rücksicht auf die Position und die Homogenität der Stimmgruppen – ohne direkte Sicht auf den Dirigenten agieren müssen, zum Teil sogar ohne Blickkontakt untereinander. Wie soll ein Chor klanglich ‚funktionieren', wenn die Stimmgruppen völlig miteinander vermischt sind, sodass eine Verständigung untereinander ganz unmöglich erscheint? Ich habe mit solchen Schwierigkeiten oftmals zu tun gehabt, aber musikalische Einsprüche gegen ein vermeintlich originelles ‚Konzept' finden in aller

Regel bei Regisseuren keine oder kaum Beachtung. So bleibt dem Operndirigenten meist keine andere Wahl, als derlei Schwierigkeiten im Sinne der Musik zu bewältigen. Zu den ohnehin schon bestehenden Problemen der Struktur der Häuser treten also noch solche der Herausforderung durch das szenische Arrangement.

Doch damit nicht genug. Es gibt große Repertoirehäuser, in denen die Werke nach völlig anderen Gesichtspunkten als nach musikalischen angesetzt werden. Und ‚musikalisch' meint hier noch gar nicht ‚inhaltlich', also bezogen auf das, was zueinander ‚passt' oder nicht. Sondern es geht auf einer ganz oberflächlichen Weise um das Musikalisch-Technische. Die Abfolge ganz unterschiedlicher, oftmals stilistisch völlig entgegengesetzter Werke stellt eine Herausforderung für alle Beteiligten dar, von der Bühnentechnik bis zu den Orchestermusikern. Wie kann man als Gastdirigent beispielsweise einen *Rosenkavalier* oft ganz ohne Orchesterproben und mit höchstens ein, zwei Tagen Soloproben, die aber gleichzeitig auch noch szenische Einweisungsproben sein müssen, zu einer anständigen, halbwegs befriedigenden Aufführung bringen?[20] Eine Aufführung unter solchen Bedingungen – und dies ist kein Einzelfall – noch bei gewissenhafter Erfüllung der Vorgaben des Komponisten, ja am besten noch mit einem persönlichen Profil zu verwirklichen, gleicht einer wahren Herkules-Aufgabe. Das ist nur mit einer blendenden Dirigiertechnik zu lösen, aber auch diese ist letztlich nur eine von vielen Voraussetzungen für gutes Gelingen. Gleichzeitig braucht ein Dirigent Reaktionsschnelligkeit, um auf jedes kleine Vorkommnis im Ablauf einer Vorstellung angemessen zu reagieren, er muss die Klangbalance in jedem Augenblick unter Kontrolle halten, den Solisten und dem Chor auf der Bühne helfend Einsätze geben und das musikalische Geschehen im Fluss halten. Als

Dirigent einer solchen Aufführung befindet man sich in einer eigentlich unlösbaren Spannungssituation, denn man findet im Grunde in jedem Takt etwas, was man verändern, was man verbessern, was man anders machen möchte – und wenn man dies bemerkt, ist man schon mit dem folgenden beschäftigt. Auf der anderen Seite ist man dabei stets auf die Erfahrungen eines erprobten Opernorchesters angewiesen. Ich habe unzählige Abende an der Wiener Staatsoper, wo Produktionen des gängigen Repertoires bis zum heutigen Tag oft ganz ohne Probe auskommen müssen, dirigiert – und ich war immer wieder verblüfft, nicht nur über den Klang, sondern über die souveräne Perfektion der als Staatsopernorchester fungierenden Wiener Philharmoniker. Das Leistungsvermögen eines wirklichen Opernorchesters kann man gar nicht hoch genug schätzen.

Während große Häuser oftmals von einem komplizierten, von vielerlei Gesichtspunkten abhängigen Repertoirebetrieb leben, sind die Bedingungen an kleineren und mittleren Häusern ganz anders. Dort ist der Dirigent mit der gesamten Einstudierung, aber auch der anschließenden Aufführungsserie betraut. Meist bleiben diese Produktionen also nicht Jahre oder sogar Jahrzehnte im Spielplan, sondern nur über einen vergleichsweise kurzen Zeitraum. Obwohl die technischen Voraussetzungen an diesen Häusern eigentlich schlechter sind, obwohl es Einschränkungen im Orchester, im Solistenensemble oder im Chor gibt, sind die Resultate für den Dirigenten dennoch zuweilen befriedigender. Denn man hat die Möglichkeit, in vielen Proben das zu erarbeiten, was man sich für die Umsetzung der Partitur auch vorgenommen hat. In meiner Zeit als stellvertretender Generalmusikdirektor in Frankfurt, Ende der 1970er Jahre, durfte ich von solchen Bedingungen sehr profitieren. Der damalige Generalmusikdirektor Michael

Gielen hatte kein großes Interesse am üblichen Repertoire, besonders am italienischen Repertoire, und so konnte ich viele Werke des 19. und vom Anfang des 20. Jahrhunderts, also Opern wie *Boris Godunow, Meistersinger, Elektra, Capriccio* oder *Ariadne auf Naxos,* gewissermaßen von Grund auf erarbeiten – unter den vorzüglichen Probenbedingungen, die ein solches Haus nun einmal gewährt. So etwas schaffen auf der anderen Seite höchstens die Ausnahmebedingungen an besonders privilegierten Orten, etwa bei den Salzburger Festspielen. Sie wurden unter anderem, neben dem Politischen, ja auch deswegen gegründet, um dem Alltag des Repertoires entkommen zu können. Aber es gilt das Bonmot von Herbert von Karajan, dass es nicht jeden Tag Festspiele geben könne.

Für den Konzertdirigenten sieht die Welt dagegen vollkommen anders aus. Er ist von den Unwägbarkeiten eines Theaterbetriebs, egal welcher Art, weit entfernt und muss darauf keinerlei Rücksichten nehmen. In einer ziemlich genau überblickbaren Reihe von Proben kann er sich, bei in der Regel sehr gut vorbereiteten Orchestern, ganz auf das konzentrieren, was ihm bei der Realisierung der Werke wichtig ist – vorausgesetzt, er ist in der Lage, den Probenprozess klar und zielgerichtet zu organisieren. Obwohl der Dirigent auf dem Podium sehr viel deutlicher wahrnehmbar ist als im Graben, obwohl er also viel stärker ‚im Rampenlicht' steht, spielt die reine Technik beim Konzert dennoch eine weitaus geringere Rolle. Das, was wir manchmal etwas beiläufig ‚Routine' nennen, obwohl es für das Gelingen eines Opernabends absolut unerlässlich ist, kann im Konzertsaal sogar tödlich sein. Alles ist auf den einzigartigen Augenblick ausgerichtet. Natürlich, jene Werke, die bis zur Mitte des 18. Jahrhunderts entstanden sind, würden auch ohne Dirigent gespielt werden können, wenigstens in technischer Hinsicht, wenngleich das, was wir ‚Interpretation‘ nennen, dabei wohl eher unentschieden und ‚grau‘ ausfallen würde. Doch auch in diesem Falle gilt, dass man die Geschichte nicht einfach zurückdrehen kann. Es kommt ja schon lange nicht einfach mehr darauf an, dass eine *Matthäuspassion* aufgeführt wird, sondern darauf, wie es geschieht. Vielleicht auch ein Grund dafür, warum selbst Spezialistenensembles für die Alte Musik nicht auf einen Dirigenten verzichten wollen.

Die Erfahrung zeigt allerdings, dass gute Konzertdirigenten zwar wunderbare Aufführungen des symphonischen Repertoires zustande bringen können, dass sie aber, wenn sie nicht wirklich opernerfahren sind, z. B. schon nach wenigen Takten von Puccinis extrem schwieriger *La Bohème* scheitern. So liegt der ‚dirigentische Idealzustand‘ wohl darin, die eigene Technik in unzähligen Opernaufführungen zu entwickeln und unentwegt zu perfektionieren, zu stabilisieren und zu verfeinern. Nicht unabhängig davon, sondern daneben sollte man Konzerte dirigieren – Konzerte, in denen man sich nicht als ‚Fahrdienstleiter‘ durch die Aufführung schlägt, sondern in denen man mit buchstäblich ‚heiligem Ernst‘ für die Sache des Komponisten, für den ‚Geist‘ seiner Partitur eintritt. Es geht in einer Aufführung darum, diesem ‚Geist‘ gemeinsam mit dem Orchester so nahe wie möglich zu kommen. Es mag dies ein ziemlich altmodischer Begriff von Interpretation sein, doch ich halte sehr bewusst daran fest. Wenn wir nämlich diesen preisgeben, dann verliert die Aufführung eines einhundert oder zweihundert Jahre alten Musikstücks in der Gegenwart seinen Sinn. Ich bin immer ‚partiturgläubig‘ gewesen. Gerade im Willen, der Partitur zur Geltung zu verhelfen, liegt ja aller Sinn der dirigentischen Technik, Und gerade deswegen bedingen sich Opern- und Konzerterfahrungen auf so unmittelbare Weise, und diese ‚Doppelspur‘ halte ich auch weiterhin für unerlässlich.

TECHNIK

Aus dieser Doppelspur ergeben sich sehr fundamentale Anforderungen an das, was der Dirigent zu leisten hat. Seine Technik ist ja nicht einfach ‚Schlagtechnik', sondern sie lebt aus der gegenseitigen, spannungsreichen Ergänzung der zwei wichtigsten Pole: der ‚Routine' des Opernalltags und der ‚Spontaneität' des Konzertereignisses. Die exponierte Stellung auf dem Konzertpodium sollte jedoch einen Dirigenten nicht dazu verleiten, zum heimlichen (oder ganz offenen) Solisten des Abends zu werden. Ich sprach vom ‚Geist' der Partitur, und dieser bedarf solchen Solistentums grundsätzlich nicht. Leider neigen junge Konzertdirigenten dazu, die mangelnde Persönlichkeit und Ausstrahlung, vielleicht auch die (noch) mangelnde technische Souveränität, durch das wirkungsvolle Posieren und Choreographieren kompensieren zu wollen. Das ist verführerisch, zweifellos, und es kann auch reichlich effektvoll sein. Zuweilen ist das Publikum sogar bei vollständig unzulänglichen Aufführungen von den Tanzkünsten des Dirigenten dermaßen angetan, dass es vor Begeisterung in Rage geraten kann. Doch schaue man sich zum Korrektiv dabei die gleichzeitig gelangweilten Gesichter der Orchestermusiker an, die die völlige Leere einer Aufführung natürlich sofort durchschauen. Sie haben diese Werke zumeist ja oft genug gespielt und wissen, auf welch qualitative Höhe ein guter Dirigent das jeweilige Werk heben könnte. Auch das Nachhören eines Mitschnitts kann hier zuweilen als heilsame Korrektur gelten. Der ironische Grundsatz von Richard Strauss, bei einer Aufführung habe nicht der Dirigent, sondern der Zuhörer zu schwitzen, ist nach wie vor richtig. Große Meister des Faches haben es nicht nötig, Zirkusstücke für das Publikum zu vollbringen. Man denke nur an Bernard Haitink, Mariss Jansons oder andere. Deren äußere Attitüde ist vollkommen der ernsthaften Realisierung einer Partitur untergeordnet, sie vermögen es, ihren Gestaltungswillen mit sparsamsten gestischen Mitteln, bar jeder Mätzchen umzusetzen. Gerade dies ist am Ende auch ein Ergebnis langer, oft jahrzehntelanger Erfahrung. Man sieht dies auch bei Karl Böhm, Günter Wand oder Karajan, der zwar empfänglich war für ‚Showeffekte', dessen maßlose technische Perfektion gerade deswegen aber oftmals unterschätzt wurde und wird.

Bedenkt man dies, so lassen sich die technischen Aufgaben eines Dirigenten leicht klassifizieren:

1. Das Zeichen zum Beginn geben (also das, was wir den Auftakt nennen);
2. Die Angabe und Wahrung des Tempos;
3. Die Unterbrechung des Bewegungsablaufs bei Fermaten, Zäsuren etc.;
4. Die, sofern erforderlich und verlangt, Tempoänderung innerhalb eines Stückes;
5. Das Zeichen zum Ende des Stückes, also das Abschlagen.

Das klingt vordergründig ganz banal und selbstverständlich, ist es aber ganz und gar nicht. Dirigieren ist zuallererst eine Koordinationsaufgabe für die anderen Musiker. Günter Wand hat einmal gesagt, aus dem Taktstock allein kommt keine Musik; und Bernard Haitink meinte, es sei ein seltsamer Beruf, dieses Zerteilen von Luft. Damit haben sie recht. Denn alles, was also über diese Koordinationsaufgabe hinaus geschieht, basiert auf ihr, geht aus ihr hervor, ist mit ihr verbunden und bedarf ihrer. Das erschließt sich sofort, wenn ein Auftakt misslingt, ein Bläsereinsatz klappert oder eine Punktierung verwischt: Denn solche Pannen gründen in aller Regel in dirigentischen Fehlern, und seien es nur kleine Unachtsamkeiten.

Natürlich ist die konkrete Ausformung dieses Technischen sehr individuell, beim rhythmischen Dirigieren, dem sogenannten ‚Punktdirigieren', werden die Taktschwerpunkte schroff markiert. Beim melodischen Dirigieren hingegen wird der Weg zwischen den Impulsen mit spannungsvoller Bewegung ausgefüllt. Jeder Dirigent findet seinen eigenen Stil, muss ihn auch finden und seine eigene, seine persönliche Körpersprache entwickeln. Doch geht es dabei immer um Verständlichkeit durch Deutlichkeit – eine grundlegende Maxime, die selbst so unterschiedliche ‚Exzentriker' wie Furtwängler oder Bernstein nie aufgegeben haben, denn der primäre Zweck – die Koordination – war stets erfüllt.

Beide große Persönlichkeiten haben neben Oper auch Konzerte dirigiert und wie jeder Dirigent spezielle Fähigkeiten in ihrer Körpersprache aus einer der beiden Tätigkeiten in die andere übernommen. Ohne die Arbeit in der Oper wird man sich kaum eine befriedigende Flexibilität aneignen und das Durchhalten einer festgelegten Interpretationskonzeption in der Interpretation lernt man eher im Konzert.

Konzert- und Operndirigieren bedingen sich also gegenseitig, und diese Doppelung gilt interessanterweise auch für die Klangkörper. Ein Opernorchester, das im Graben sitzt, hat seine Flexibilität jeden Abend ganz neu zu beweisen, in ganz unterschiedlichen Stilen, jeden Abend mit anderen Dirigenten und anderen Sängern, auf das Gelingen verpflichtet. Sitzt es jedoch beim Konzert auf der Bühne, werden sich die Musiker auf einmal ihrer ‚öffentlichen' Rolle ganz neu bewusst. Sie agieren anders und neu und tragen dabei dennoch ihre langen Erfahrungen aus dem Graben auf das Podium – selbst wenn sie mit der Aufführung einer Beethoven-Sinfonie eben keine Routine verbinden. Es gibt in vielen Opern regelrechte Duette zwischen Sängern und Instrumentalisten, zum Beispiel in der Arie des Sesto *Parto, parto …* aus Mozarts *Clemenza di Tito*. Die Darstellerin des Sesto und der konzertierende Klarinettist müssen auf das Engste zusammenspielen, zusammen atmen – und befinden sich doch weit voneinander entfernt (wenn der Regisseur nicht gerade auf die absurde Idee verfällt, den Klarinettisten auf der Bühne auftreten zu lassen, was es ohnehin nicht besser macht, denn dann ist der Klarinettist vom Orchester abgetrennt). Die Verwirklichung solcher schwierigster Koordinationen ist ein Prüfstein, und sie verändert das Aufeinander-Hören, wie es dann auf dem Konzertpodium auf einmal vonnöten ist. Eine Opern-Besonderheit liegt auch in der normalerweise reduzierten Streicherbesetzung in unseren Opernhäusern. Das zweifache piano am Anfang des *Lohengrin* ist mit nur zwölf ersten und zehn zweiten Violinen sehr viel schwieriger umzusetzen als bei einem großen Streicherapparat. Der nur vordergründig paradoxe Grundsatz gilt auch hier: Je größer eine Streicherbesetzung, desto leichter sind die Abstufungen ins piano und pianissimo überhaupt möglich. Interessanterweise hat eine große Streicherbesetzung bereits historische Vorbilder, denn gerade in großen Opernorchestern des 18. Jahrhunderts sind auch sehr große Besetzungen bezeugt, bei Mozarts *Lucio Silla* 1772 in Mailand etwa mit vierzehn ersten und vierzehn zweiten Geigen sowie verdoppelten Bläsern.

Die Verhältnisse in einer Oper erzeugen also vielfältige Erfahrungen, die für den einzelnen Orchestermusiker wie für den Klangkörper als Ganzen von elementarer Bedeutung sind. Im Graben gibt es permanent Einschränkungen und Kompromisse, selbst im Räumlichen – mit, gerade bei großen Besetzungen, beengtesten Verhältnissen. Ein Cellist muss da bisweilen mit seinem Bogen schon aufpassen, um nicht während des Spiels mit seinen Kollegen zu kollidieren. Auf dem Konzertpodium spielen derlei Begrenzungen nur selten eine Rolle, was übrigens heute auch für ziemlich flexible Varianten bei der Aufstellung genutzt wird. Ich erinnere mich an nur eine einzige Aufführungsserie von *Elektra* in meinem Leben, bei der ich ohne jeden Abstrich jenen riesenhaften Apparat, den Strauss verlangt, tatsächlich zur Verfügung hatte. Dies war in Athen, im ‚Megaron Musikis', einem damals neuen, großen Konzertsaal, der für die Opernaufführung extra umgestaltet worden war und wo es keine Probleme gab, die bald 120 Musiker wirklich unterzubringen. Diese ‚Klangmasse' ist an sich schon beeindruckend genug. So etwas wird aber stets die Ausnahme bleiben. Nur in wenigen Häusern wird etwa der *Ring* in der von Wagner geforderten Besetzung gespielt. Im Konzert ist der Freiraum viel größer, was bei den immer häufigeren konzertanten Opernaufführungen auch genutzt wird.

Wie auch immer, es dürfte also auch für Orchester mehr als gewinnbringend sein, die sehr unterschiedlichen ‚technischen' Erfahrungen in beiden Tätigkeitsbereichen miteinander zu vereinen, sie abzugleichen und auf sie zu reagieren. Man lernt von der Oper die Flexibilität und die Routine, vom Konzertpodium die Wirkungsmacht des Augenblicks – und die Überblendung dieser beiden widersprüchlichen Ebenen macht ein Orchester eigentlich erst aus. Die Verhältnisse bei den Wiener Philharmonikern mit ihrem Dauereinsatz in der Oper und ihrem ausgeprägten Konzertbetrieb sind dabei gewiss ein seltener Glücksfall. Doch immerhin, in Deutschland spielen fast alle Opernorchester regelmäßig auch Konzerte, sie lernen also die ‚andere Welt' immer kennen. In Amerika dagegen verfügen die Konzertorchester in der Regel nicht über Erfahrungen im Opernhaus.

SELBSTVERSTÄNDNISSE

Das Selbstverständnis eines Dirigenten hängt von solchen Bedingungen ab. Auch wenn es prominente Ausnahmen von dieser Regel gibt, Dirigenten, die fast nur Oper dirigieren oder solche, die sich ganz daraus verabschiedet haben. Von beidem, von Konzert und Oper kann man nur gewinnen. Ich selbst habe die langjährigen Erfahrungen in Opernhäusern immer als bereichernd empfunden und habe sogar einmal, in Zürich 1984/85, die Gründung eines eigenen, neuen Opernorchesters gestalten können. Traditionell lagen dort Opern- und Konzertbetrieb in der Hand eines Klangkörpers, des Tonhalle-Orchesters, das gewissermaßen über zwei Formationen verfügte. Doch mit dem Umbau des Hauses durch den damaligen Intendanten Claus-Helmut Drese und mit dem Ende der Musikdirektorenzeit von Ferdinand Leitner wurden die Pläne zu einem eigenen, einem neuen Opernorchester gefasst. Dies war zweifellos eine besondere, eine große Herausforderung. Drese beschrieb den Ist-Zustand so:

> Was mir Carlos Kleiber, der einige Jahre vornehmlich als Opernkapellmeister in Zürich, an Anekdoten über die Orchestermusiker erzählte, klang lustig, wenn es nicht künstlerisch so beschämend gewesen wäre. Vor allem am Wochenende vermischten sich die ‚Blauen' und die ‚Roten', zwei an sich getrennte Formationen der Tonhallemusiker, um einen Dienstausgleich zu erzielen. Nur selten hatten die privilegierten Konzertmusiker die Werke, die auf dem Spielplan standen, probiert; man spielte prima vista. Der *Vetter aus Dingsda* oder *Die lustige Witwe* klangen entsprechend. Wenn Musiker für die Konzerte nicht mehr genügten, wurden sie in die Oper abge-

> schoben, wo sie in der Anonymität des Grabens bis zur Pensionierung Dienst taten. Andererseits konnten gute Opernmusiker zum Konzertdienst ‚befördert' werden.[21]

Es mussten also nach der Trennung von der Tonhalle neue Musiker gewonnen werden, es musste eine neue Struktur für die Zürcher Oper geschaffen werden, es mussten überhaupt die Bedingungen eines ambitionierten Opernorchesters hergestellt werden. Bei meinem Antritt als Nachfolger von Ferdinand Leitner als Chefdirigent, fiel mir die Aufgabe zu, ein neues, stark erweitertes Orchester aufzubauen. In insgesamt 80 Probespielen wurde das Orchester innerhalb von zwei Jahren auf eine Stärke von 104 Musikern gebracht und so die Voraussetzung geschaffen, selbst Opern in den original geforderten Besetzungen von Wagner oder Strauss ins Repertoire aufnehmen zu können. Und auf einmal hatte man im Graben ausnahmslos Musiker sitzen, die tatsächlich in einem Opernhaus spielen wollten – ein sehr glücklicher Moment. Die hohe Flexibilität, die das Orchester von Anfang an bewiesen hat, in der Zusammenarbeit mit wirklich ganz verschiedenen Dirigenten, gründet vor allem darin.

Für das Selbstverständnis eines Dirigenten ist die Doppelerfahrung von wirklich entscheidender Bedeutung. Eine große, viersätzige Sinfonie dirigiert sich ‚anders', wenn man gelernt hat, einen vielteiligen, zerklüfteten Opernabend im Innersten zusammenzuhalten. Das zeigt sich auch in den Details. Ich will ein konkretes, auf den ersten Blick vielleicht entlegenes, aber eben doch sehr aussagekräftiges Detail nennen. Ich hatte oben als technische Aufgabe auch die Unterbrechung des Zeitverlaufs etwa bei Fermaten angeführt. Eine Fermate am Ende der langsamen Einleitung eines Sinfoniesatzes trennt zwei tempo- oder taktverschiedene Teile eines Stückes. Sie ermöglicht es dem Dirigenten, das neue Tempo noch im letzten Takt des auslaufenden Abschnittes zu geben. Dies kann durch einen relationsgebundenen Auftakt geschehen, etwa bei Mozart oder Haydn, denn dort ergeben sich stets klare Verhältnisse durch den Bezug auf einen einheitlichen Grundschlag; davon war ja bereits die Rede. Dies kann aber auch durch einen freien Auftakt geschehen, wenn es also um einen wirklichen Tempowechsel geht, etwa bei Beethoven. Es ist ja wichtig, dass dieses neue Tempo gleich ‚da' ist. In Opern verhält sich dies dagegen ganz anders. Bei Tempowechseln, die eine klare Relation zueinander haben, lässt Mozart Fermaten oft weg und trennt die verschiedenen Tempi nur durch einen Doppelstrich. Eine Fermate schreibt Mozart meistens dann, wenn ein neues nicht relationiertes Tempo folgt, oder wenn von der Sängerin oder dem Sänger eine kunstvolle Kadenz gefordert ist. Hier bekommt der Dirigent die Möglichkeit, einen klaren Auftakt im darauf folgenden Tempo zu geben. Es gibt darüber hinaus aber zahlreiche weitere Fermatenformen, z. B. sogenannte szenische Fermaten, um eine szenische Aktion auf der Bühne ausführen zu können, oder aber auch Fermaten bei Übergängen, Einleitungen und Kadenzen – also in einem Kontext, der vom gesungenen Text, aber eben auch vom Sänger, gegebenenfalls sogar von seiner Tagesform abhängt. Eine Fermate ist dann wirklich individuell. Erst wenn man gelernt hat, alle Möglichkeiten einer Fermate wirklich umzusetzen, wenn man sie ‚beherrscht' (und nicht von ihr beherrscht wird), dann verfügt man über sie im Sinne eines tatsächlich freien Gestaltungsmittel.

Immer wieder kann es in Opern auch zu einem sogenannten Schmiss kommen, einer Auslassung von Text oder Musik durch einen Sänger, sei es in einer Arie oder in einem Ensemble. Der Operndirigent muss darauf ebenso schnell wie souverän reagieren, um einerseits das Orchester sicher zusammenzuhalten, andererseits, um der Sängerin oder dem Sänger die Möglichkeit zu geben, an einer geeigneten Stelle wieder einzusteigen und damit die Aufführung zu retten. Glücklicherweise habe ich noch nie den Worst Case erlebt, wo man, aus welchen Gründen auch immer, die Aufführung unterbrechen muss. Aber dieses Risiko schwebt permanent über jedem Abend, von der einfachen Panne bis zu schlimmen Dingen wie Bühnenunfällen, die immer wieder vorkommen können und auch vorkommen. Es muss nicht immer dramatisch sein, es reicht schon ein leichter Schwindelanfall, eine Kreislaufattacke, ein Stolpern oder ein verpasster Auftritt. Auf dem Konzertpodium besteht diese Gefahr dagegen nicht oder höchstens bei Solokonzerten. Dennoch ist es von elementarer Wichtigkeit, wenn man mit ihr umgehen kann, dass man also die Fäden auch im Ernstfall so lange zusammenhält, wie es eben geht. Dies ist nicht nur ein Produkt der Routine, es erzeugt diese Routine erst, und zwar im positivsten Wortsinne. Im Grunde ist es ja ein allabendliches Wunder, wenn die Aufführungen immer wieder gelingen. Aber je größer die Routine im handwerklichen Sinn dabei ist, desto höher, desto differenzierter und desto feinsinniger sind die Freiräume für das, was wir ‚Interpretation' nennen.

Zuletzt möchte ich auf einen sehr wichtigen Punkt in der Arbeit mit einem Orchester hinweisen: das Aufbauen des gegenseitigen Vertrauens. Die Musiker des Orchesters wollen sich genauso auf den Dirigenten verlassen, wie der Dirigent sich auf seine Musiker verlassen will. Zudem soll es in dieser Beziehung auch zu einem gegenseitigen Geben und Nehmen kommen. In der Probenarbeit genügt es nicht, wenn sich Musiker nur als ‚Befehlsempfänger' fühlen, wir Dirigenten sind auch auf die Phantasie und die interpretatorische Mitarbeit angewiesen. Wie oft bieten z. B. Solobläser eine interessante Gestaltung diverser Details an. Es wäre töricht, solche Angebote nicht dankbar anzunehmen, vorausgesetzt sie passen in das eigene interpretatorische Konzept.

IV Stimmen und Instrumente

VORBILD STIMME

Es mag auf den ersten Blick eine banale Feststellung sein, aber der Gesang ist der Ursprung aller Musik. Bevor der Mensch Instrumente gebaut hat, konnte er bereits singen. Über viele Jahrhunderte lang wurden Stimme und Gesang höher geschätzt als die Instrumentalmusik. Und selbst als die Instrumentalmusik zur Spitze aller Musik aufgestiegen ist, in der ‚absoluten Musik' des 19. Jahrhunderts, blieb die Stimme deren Richtschnur, etwa beim sprichwörtlich gewordenen ‚singenden Adagio'. Nicht zufällig finden sich Bezeichnungen wie ‚cantabile', ‚cantando' oder ‚cantante' auch in der Instrumentalmusik. Die menschliche Stimme galt also selbst dann noch als das schönste und natürlichste Instrument, als sie diese Vorrangstellung eingebüßt hatte. Es ist daher nicht übertrieben, zu sagen, dass von der Stimme alles ausgeht. Doch nun wird es schon komplizierter. Diese besondere Stellung der Singstimme, ihr Vorbildcharakter ist eben für den Dirigenten wichtig, und zwar nicht allein für den Operndirigenten. Ich hatte oben schon das Bonmot erwähnt, dass aus dem Taktstock allein keine Musik kommt. Das gilt erst recht für den Gesang. Und doch sollte ein Dirigent vom Gesang her denken, ja sogar taktieren können; er sollte das Singen ganz und gar verinnerlicht haben. Für die Ausbildung eines Dirigenten ist es deswegen sehr wichtig, selbst möglichst viel gesungen zu haben – und wäre es nur als Kind im Kinderchor oder später als Chorsänger in einem gut gebildeten Oratorienchor. Ein Dirigent muss kein ausgebildeter Sänger sein, und nur wenige Dirigenten kommen tatsächlich von der primären Gesangsausbildung her – sieht man von Doppel- und Mehrfachbegabungen wie Placido Domingo oder Peter Schreier ab. Aber er muss etwas vom Singen verstehen, er muss eine tiefe Einsicht in das haben, was Singen bedeutet. Das Atmen, das agogische Gefühl für Gesangsphrasen, der Sinn für Text und Musik – alles das wird einem eine ganze Karriere lang eine Hilfe beim Umgang eben nicht nur mit Sängern, sondern auch mit Instrumentalisten sein. Je früher man umfassende Erfahrungen macht, desto besser. Hat man einmal im Chor Bachs *Matthäuspassion*, Beethovens *Missa solemnis* und Strawinskys *Psalmensinfonie* oder andere Werke neuerer Epochen über Monate mit einstudiert, ist man mit den Vokalpartien aus dem Innersten heraus vertraut geworden, dann ist das so etwas wie eine Stilkunde im elementaren und umfassenden Sinn. Sie lehrt einen vieles über die Musiksprache vergangener Zeiten – und zugleich über die gegenwärtigen Möglichkeiten der Realisierung. Und sie lehrt einen, von der Stimme her zu denken.

Man muss sich, und zwar möglichst detailliert, im Klaren darüber sein, wie eine Gesangsstimme ‚funktioniert', natürlich auch physiologisch, aber auch gestalterisch, bei der Phrasierung oder der Artikulation. Ein Dirigent muss das genau wissen, und er muss bei Sängern stets verlässliche Hilfestellung leisten können. Singen hat natürlich auch mit Sprachen zu tun. Es ist notwendig, gut Italienisch, Deutsch und Französisch zu beherrschen, weil das bis heute übliche Repertoire in Oper und Konzert vor allem in diesen Sprachen komponiert worden ist. Es geht dabei jedoch noch nicht um die ‚Originalsprachen' in den Opernhäusern (und die damit verbundenen Schwierigkeiten, bis hin zu den Übertiteln). Auch, wenn man einen deutschen *Figaro* aufführt – und wir wissen, dass Mozart dies in Mannheim sogar selbst getan hat –, muss man dennoch das italienische Original so gut wie möglich beherrschen. Denn einerseits lässt sich erst so eine Übersetzung überhaupt einschätzen, andererseits begreift man nur dann, auf wie komplexe Weise Gesang und Musik aus der Sprache entwickelt sind. Alle Texte Lorenzo da Pontes für die Opern Mozarts sind nur mit guter Sprachkenntnis zu verstehen, aber dieses Verständnis ist der Schlüssel zu Mozarts Umsetzung in Musik. Mozart selbst sprach übrigens fast perfekt italienisch. Wer vom italienischen Metrum nichts versteht, dem wird Verdi letztlich immer fremd bleiben. Den musikalischen Witz seines ‚Falstaff' etwa, versteht man nur, wenn man den in Musik übersetzten Wortwitz des köstlichen Librettos von Arrigo Boito kennt. Aber gleichzeitig geht es immer auch um Technisches, um Fragen der Artikulation, der metrischen Gestaltung, des Taktes und, natürlich besonders wichtig, der Aussprache. Ich erinnere mich an eine *Trovatore*-Produktion, die ich mit dem unvergesslichen Regisseur Götz Friedrich an der königlichen Oper Kopenhagens in dänischer Sprache einstudiert habe. Das Dänische, diese für uns ungewöhnliche Sprache, ist für Sänger eine ziemlich große Herausforderung, weil sie längst nicht so viele gut singbare Vokale enthält wie das Italienische. In der Stretta des Manrico z. B., dort wo es in höchster Lage im Italienischen „all'armi, all'armi …" heißt, muss in Dänisch „til våben, til våben …" gesungen werden. Dass der Unterschied für den Sänger erheblich ist, anstatt des offenen a ein geschlossenes o zu singen, kann sich jeder vorstellen, der schon mit Gesang zu tun hatte. Dies ist nur ein kleines Beispiel für die Problematik des Singens in verschiedenen Sprachen.

Darüber hinaus sollte ein Dirigent fließend englisch sprechen, denn jede internationale Tätigkeit ist ohne dies gar nicht möglich, insbesondere, neben der englischsprachigen Welt, in fernöstlichen und slawischen Ländern. Dort ist jeder Probenbetrieb selbstverständlich auf Englisch organisiert. Immerhin, diese Mehrsprachigkeit ist nicht nur nicht einfach zu erreichen, sie bedarf auch einer gewissen ‚koordinierenden' Pflege, um die Dinge dennoch immer wieder auseinanderhalten zu können.

Dessen ungeachtet, die Sprache ist ja nur ein einzelner, wenn auch elementarer Teil des Gesangs. Es gibt auch ganz andere, nicht minder wichtige Aspekte. Die Tongebung unterscheidet sich nicht nur in verschiedenen Epochen, sondern auch regional. Es ist doch ein großer Unterschied, ob man zum Beispiel eine Bach-Kantate ausführt, wo nur eine nicht (zu) vibratoreiche Tongebung gefragt ist, ob man im italienischen Verismo mit starkem espressivo cantabile mit den notwendigen portamenti singt[22] oder ob man einen höhenfixierten Sprechgesang wie z. B. bei Schönberg in seinen *Gurreliedern* oder dem *Pierrot lunaire* vor sich hat. Von den Sängern wird heute eine große, eine stets größer werdende Flexibilität erwartet, ungeachtet des jeweiligen Faches zudem eine erhebliche stilistische Bandbreite, die in den Häusern heute von Monteverdi bis zur Gegenwart reicht, also vierhundert Jahre umfasst. Ein Dirigent muss die technischen Grundlagen dieser Flexibilität kennen, er muss entsprechend agieren und reagieren können. Die sprichwörtliche Empfindlichkeit von Sängern ist aber zugleich der enormen Herausforderung geschuldet, die das Singen auf der Bühne bedeutet – und die durch avancierte Regie-Konzepte nicht erleichtert, sondern oft zusätzlich erschwert wird. So muss ein Dirigent beim Erarbeiten einer Wagner-Partie vor allem jungen Sängerinnen und Sängern klarmachen, dass für Wagner, der sich für Bellini begeistert hat, das italienische Belcanto stets ein Vorbild war, nicht nur in den frühen Opern, wie etwa in der Partie des

Lohengrin oder des Wolfram im *Tannhäuser*, dort aber besonders. In den späteren Musikdramen hingegen muss zudem, trotz der stimmlichen Anforderung, der Text noch einwandfrei transportiert werden, das erzeugt im ‚rezitativischen' *Rheingold* ganz andere Probleme als in der wuchtigen *Götterdämmerung*. Das ist schon wegen des massiven Orchesterklangs nicht einfach, doch gerade deswegen darf es nicht zum berüchtigten Brüllen kommen, weil damit die Textverständlichkeit völlig verloren geht. Der Dirigent ist verpflichtet, ein forte des Orchesters im *Tristan* so umzusetzen, dass es den Sänger nicht zudeckt. Andererseits geht bei Wagner die musikalische Aussage, anders als bei Verdi, weitgehend vom Orchester und nicht von der Singstimme aus. Wagner selbst hat dies so beschrieben, aber das verkompliziert die Sache nochmals, weil Orchester und Stimme stets in ein wechselseitig befruchtendes Verhältnis gesetzt werden müssen. Ein Dirigent muss daher einen Sänger gerade in schwierigen Partien im besten Sinne begleiten, ihn tragen können. Der dänische Tenor Stig Andersen ist bei mir einmal kurzfristig für einen erkrankten Kollegen im *Tannhäuser* eingesprungen – und hat am Folgeabend dann, ebenso makellos, den Tristan gesungen, mit 65 Jahren. Das war letztlich nur wegen seiner phänomenalen Begabung und Technik möglich, aber eben auch, weil wir ganz eng zusammengearbeitet, weil wir alles aufeinander abgestimmt haben – wobei ich in diesem Fall den Regisseur ausdrücklich miteinbeziehe.

Doch das ist nicht alles. Ein Dirigent muss um die Möglichkeiten und Tücken einer Partie wissen, er muss Schwierigkeiten kennen und genau benennen können, nur dann kann er konstruktiv mit Sängern zusammenarbeiten. Dazu muss er selbst sattelfest im Gesang sein, also sich die Dinge immer auch singend klarmachen können. Ich erarbeite Partituren stets am Schreibtisch und benutze das Klavier allenfalls als Hilfsmittel; damit dies gelingt, muss das stimmliche Vorstellungsvermögen gut ausgeprägt sein. Und dies kann man natürlich als Repetitor bestens entwickeln. Ich erinnere mich an eine konzertante, mit Inga Nielsen, Simon Estes und Gwyneth Jones sehr prominent besetzte konzertante *Salome*-Aufführung in Valencia, bei der ein namhafter Sänger unerwartet erhebliche Probleme mit der Partie des Herodes bekommen hat. Es blieb nichts anderes übrig, als kurzfristig nach einem Ersatz zu suchen. Udo Holdorf von Düsseldorfs Oper am Rhein stand dafür sofort parat, konnte jedoch wegen einer anderen, unlösbaren Verpflichtung nicht zur Generalprobe kommen. So habe ich in dieser Krisensituation die Rolle des Herodes selbst am Pult übernommen, denn durch das vielfache Repetieren der Partitur war ich selbstverständlich mit dieser Gesangspartie bestens vertraut. Mit Holdorf – von dem ich ganz sicher wusste, dass er die Aufführung retten würde – konnte ich dann separat noch den Abend kurz vorbereiten. Das hat also nicht einfach Generalprobe und Aufführung ermöglicht, sondern eigentlich nur eine Selbstverständlichkeit hervortreten lassen. Natürlich soll ein Dirigent normalerweise ja gerade nicht den Herodes in der *Salome*-Generalprobe singen; aber er sollte so innig damit vertraut sein, dass er es könnte – und im Notfall dann auch kann. Wer einmal Horst Stein singend hat probieren hören, der bekommt einen Eindruck davon.

CANTABILE UND BELCANTO

Das Singen im umfassenden Sinne sollte die Arbeit des Dirigenten prägen, und gerade im Falle der Oper sind Erfahrungen als Repetitor unerlässlich. Es gibt auch hier Ausnahmen, aber es sind solche, die die Regel bestätigen. Erarbeitet man sich eine neue Partitur, so muss man die Grundzüge einer Partie kennen und festlegen. Es ist so wichtig, alle Zäsuren genau zu definieren, alle Möglichkeiten des Atmens: Dies hängt sowohl von der Syntax des Textes als auch von der Syntax der Melodie ab. Natürlich haben die Komponisten dies nach Möglichkeit berücksichtigt. Im Falle Mozarts lässt sich immer ganz genau sagen, wo eine Gesangsphrase unterbrochen werden kann und wo man sinnvoll atmen kann. Gelingt es einer Sängerin oder einem Sänger nicht, ohne einen zusätzlichen Atem mitten in einer Phrase über die Runden zu kommen, ist eben das Tempo offenbar zu langsam. Mozart hat an keiner Stelle Unmögliches verlangt. Er wusste zu gut über Stimmen Bescheid. Auch Verdi war ein wirklicher Meister in der Behandlung von Singstimmen, gerade in solchen außerordentlich komplizierten Details. Leider kommen junge Sänger oft zu einer ersten Probe mit vollkommen festgelegten Vorstellungen von der Phrasierung, von der Atmung und von der Artikulation. Sie haben dies zumeist von ihrem Gesangslehrer mitbekommen, in bester Absicht zwar, aber ohne Kenntnis des Gesamtzusammenhangs. Da wird nicht selten an falschen Stellen geatmet, schlimmstenfalls sogar mitten in einem Wort. Ich habe sogar schon Textänderungen erlebt, und diese waren nur deswegen erfolgt, um möglichst ‚bequem' atmen zu können. Solche Fehler auszumerzen, erfordert oft große Überredungskunst und Hingabe sowie viel, sehr viel Zeit. Dennoch hat der Dirigent ja die Verantwortung für die gesamte Partitur, er kennt also nicht nur eine Partie, sondern alle Partien, ihr Verhältnis zueinander und zum Orchestersatz. Diese Verantwortung muss er einfach wahrnehmen – und es zahlt sich immer aus, darauf zu bestehen.

Ich bin allerdings der Meinung, dass man bei Werken wirklich großer Komponisten eigentlich keine Probleme in Bezug auf Atem und Phrasierung hat, vorausgesetzt, man wählt ein ‚logisches', also ‚richtiges' Tempo. Das kann sich zuweilen an Details entscheiden, im Falle der Felsenarie der Fiordiligi in Mozarts *Così fan tutte* etwa an den triolischen Koloraturen, die eine natürliche Grenze setzen. Es sind solche Details, die in aller Regel die entscheidenden Hinweise liefern. Dennoch kann es Fälle geben, in denen man sich nicht sicher ist, wie das ‚richtige' Tempo tatsächlich aussehen könnte, entweder, weil man solche Details nicht findet oder weil sie nicht wirklich eindeutig sind. Nimmt man z. B. Beethovens *Missa Solemnis* in der der Komponist keine Metronom-Angaben gemacht hat, braucht es beim Studium ziemlich viel Zeit, um ein logisches Tempo zu finden. Dann hilft es, sich die fraglichen Stellen beim Studium der Partitur sehr genau anzusehen – und sie sich selbst vorzusingen, immer und immer wieder, in andauernder Wiederholung. Erst dann wird eine wirkliche Vorstellung davon entstehen, ein plastisches, ein aussagekräftiges Bild, das nicht zufällig oder beiläufig ist und das sich genau begründen lässt. Nur dann kann man in einer Probe seine Tempokonzeption überzeugend vermitteln. Stets bleibt die Stimme ein Vorbild. Selbst die großen Wagner- und Strauss-Partien stehen in einem deutlichen Verhältnis zur Belcanto-Tradition, einer Tradition, die erst im Verlauf des 20. Jahrhunderts wirklich aufgekündigt worden ist. Aber sogar dort nicht durchweg. Ich habe einmal Henzes *Elegie für junge Liebende* in Bonn aufgeführt, inszeniert hat der Komponist selbst. Ich war dabei verblüfft zu sehen, wie wichtig ihm die Gesangslinie dabei gewesen ist und wie sehr er in seiner Arbeit davon geprägt war und von allen Sängern ausnahmslos die in Text und Musik vorgegebene Phrasierung verlangte.

Gerade vor diesem Hintergrund gewinnt man auch andere Einblicke in die Gestaltung auch von Instrumentalmusik. Das kann zunächst eine ganz pragmatische Ebene betreffen. Die Gestaltung von musikalischen Phrasen, der Aufbau einer Melodie, das sinngemäße Atmen sind vorbildhaft für Blasinstrumente, wo die Ähnlichkeit zum Gesang natürlich besonders groß ist. Das gilt aber auch für Streichinstrumente. Zwar herrschen beim Bogen ganz andere Möglichkeiten, doch das Phrasieren, das ‚Atmen' ist gerade deswegen besonders wichtig. Es liefert die notwendige Orientierung. Musiker können stets viel von Sängern lernen, auch dann, wenn sie es mit Musik zu tun haben, die sehr weit entfernt scheint vom Vokalen. Das gilt für eine Sinfonie von Bruckner ebenso wie für eine Sinfonie von Tschaikowsky. Obwohl ich im Laufe meiner Dirigenten-Karriere zu einem Spezialisten für das ‚deutsche' Repertoire geworden bin, so war ich doch seit frühen Jahren immer mit dem italienischen Repertoire befasst, habe es intensiv studiert und gepflegt – und war an der Metropolitan Opera sogar einige Zeit nur für dieses Repertoire zuständig. Ich habe das nie bereut, sondern war immer der Auffassung, dass man bei Donizetti, Bellini und Verdi und auch bei Rossini unendlich viel über das ‚Wesen' der Musik, über das Verhältnis zum Gesang und zur Sprache lernen kann. Wenn man das alles nur einseitig, aus einer Perspektive, aus einem Repertoire ansieht, so ist dies gewiss eine Verkürzung. Und die führt in die Irre.

Vielleicht ist es daher nicht übertrieben, wenn ich – nun sehr persönlich – sage, dass ich die Gestaltung mancher Partien (und damit eben manche Werke insgesamt) erst von Sängern gelernt habe, mit Wirkungen weit über das konkrete Werk hinaus. Für meine Auffassung des Gurnemanz war die Zusammenarbeit mit Kurt Moll zentral, für mein Verständnis des Ochs Manfred Jungwirth, der mit der Rolle auf besonders eindrückliche Weise vertraut war. Das alles ist nicht bedeutungslos geblieben für meine Auseinandersetzung mit dem *Parsifal* und dem *Rosenkavalier* insgesamt. Dabei kann es zuweilen zu wirklichen Glücksmomenten kommen, eben dann, wenn eine Konstellation besonders günstig und stimmig ist. 1983 habe ich an der Pariser Oper den *Figaro* dirigiert, mit einer damaligen Traumbesetzung (Thomas Allen, José van Dam, Margaret Price und Trudeliese Schmidt), in einer legendären Inszenierung von Giorgio Strehler – und natürlich verändert die intensive Arbeit mit solchen Sängern die Auseinandersetzung mit der Partitur nochmals grundsätzlich. Durch das Zusammenwirken herausragender kreativer Sänger, wo jeder einzelne schon in den Proben dazu beiträgt, seiner Partie ein gesteigertes Profil und oft eine neue Sicht zu geben, ist man als Dirigent gefordert, auch aus der Partitur die entsprechenden Elemente und Farben offenzulegen. Der Dirigent ist dann nicht nur derjenige, der alles zusammenhält, sondern auch derjenige, der sich von seinen Sängern inspirieren lässt und von ihnen lernt, um schließlich alles das zu einem Ganzen zu formen. Die Professionalität und Meisterschaft von Sängern kann beflügelnd sein. Einer der vielleicht größten Sänger, mit denen ich je zusammengearbeitet habe, war wohl Alfredo Kraus. Dessen Gestaltungsvermögen und die perfekte Beherrschung des Stiles des Belcanto war einfach phänomenal, von einem schier grenzenlosen Reichtum geprägt. Die Abende mit ihm werde ich nicht vergessen. Wie im Konzert geht es auch in der Arbeit mit Sängern um ein ständiges Geben und Nehmen und es bereichert einen immer, von großen Meistern ihres Faches zu lernen.

ENSEMBLE

Analog zum festen Orchester existierte an den Opernhäusern für lange Zeit das feste Ensemble von Sängern, also eine Gruppe, die immer wieder in den verschiedensten Werken zusammengearbeitet hat. Das galt für kleinere, aber eben auch für große Institutionen. Inzwischen hat sich dies verändert, das traditionelle Ensembletheater spielt nur noch eine kleinere Rolle. Es haben sich unterdessen drei kontrastierende Typen von Betrieb herausgebildet: das Repertoire-Theater, der Stagione-Betrieb und das ‚klassische' Ensemble-Theater. Der Stagione-Betrieb kennt die Folge von einzelnen, fest abgezirkelten Produktionen, die einfach ausgetauscht und in relativ kurzer Frist in einer begrenzten Anzahl von Vorstellungen gespielt wird. Nur das Orchester und das technische Personal bleiben konstant, mitunter nicht einmal das. Sozusagen der zugespitzte Fall wäre ein Festspiel-Betrieb wie in Salzburg. Das ist natürlich verlockend, aber damit kann ein Betrieb in einem kleineren oder mittleren Theater eben nicht existieren. Opernbesucher dürfen ja mit Recht nicht nur eine gewisse Abwechslung erwarten, sondern auch die Möglichkeit, ein Werk nicht nur an fünf Abenden kennenzulernen.

Dies gewährleistet das Repertoire-Theater. Dort kennt man Produktionen, die über einen langen, manchmal sehr langen Zeitraum im Haus verankert sind, zuweilen über Jahrzehnte, dies aber mit wechselnden Besetzungen. Sie können entweder für eine neue Serie eigens zusammengestellt werden, aber auch aus dem Ensemble stammen. Langjährige Produktionen können dabei, entgegen dem Ruf, der ihnen zuweilen vorauseilt, durchaus sehr gepflegt sein, also für die Wiederaufnahme gut vorbereitet werden. Die Wiener Staatsoper bietet einen solchen Repertoire-Betrieb. Als ich dort 1986 Rossinis *Barbiere* erstmals dirigiert habe, war Günter Rennerts Inszenierung (ursprünglich übrigens noch ganz selbstverständlich in deutscher Sprache herausgebracht) bereits 20 Jahre alt, heute, 30 Jahre später, ist sie noch immer auf dem Spielplan, inzwischen aber ins Italienische ‚mutiert'. Das traditionelle Ensemble-Theater, nach dessen Prinzip früher selbst die größten Häuser funktionierten, ist heute dagegen vor allem an kleineren und mittleren Häusern anzutreffen, denn dort werden – wegen des begrenzten Einzugsgebiets – keine langjährig aufgebauten Repertoires entwickelt. Das beschränkt sich nicht allein auf Europa. An der Jacobs School of Music der Indiana University in Bloomington existiert ein veritabler, auf einem Ensemble basierender Opernbetrieb – freilich unter der Not der amerikanischen Verhältnisse, in denen sehr viele sehr gute junge Sänger um die Gunst vergleichsweise weniger Opernhäuser buhlen.

Das Ensemble ist in den vergangenen Jahren oft totgesagt worden, und doch ist es eigentlich erstrebenswert. In richtigen Ensemble-Proben, die genauestens aufeinander abgestimmt werden müssen, können Partituren ganz anders erarbeitet werden. Die Sänger singen nicht heute in München, morgen in Stockholm und eine Woche später in Los Angeles. Sie kennen sich oftmals viele Jahre, sie wissen um ihr ‚Funktionieren' in sehr unterschiedlichen Partien, sie reagieren, ungeachtet vieler Eifersüchteleien, sehr genau aufeinander – und auf das Orchester, das seinerseits ‚weiß', wo die Eigenarten eines Sängers liegen. Das kann schlimmstenfalls zu missliebiger Routine führen, bestenfalls aber zu einem inspirierenden Miteinander, das eben nicht zufällig entsteht. Während meiner Jahre in Zürich gab es so ein Ensemble, bereichert natürlich um internationale Gäste, die sich aber dennoch, wie etwa Simon Estes oder Gwyneth Jones, sehr langfristig und immer wieder an das Haus gebunden haben. Der Regisseur Michael Hampe, mit dem ich oft zusammengearbeitet habe, hat den Wert des Ensembles stets bekräftigt. Der schnelllebige, auf Sensationen fixierte Betrieb scheint seit Jahren gegen diese Praxis zu sein – und doch ist ohne sie ein kontinuierlicher Opernbetrieb gar nicht möglich. Es ist auch für einen Dirigenten gut, wenn er ‚sein' Ensemble genau kennt, wenn er mit ihm arbeiten kann, wenn er auf Besonderheiten eingehen kann, wenn er um die Stimmen weiß und das Verhältnis der Stimmen zueinander einschätzen kann. Immerhin scheinen sich unterdessen, vielleicht auch aus dem Kostendruck und immer wieder infrage gestellter Subventionen, die Häuser wieder zu mehren, in denen man auch große Werke aus dem Ensemble heraus besetzen will. Claus-Helmut Drese, mit dem ich sehr befreundet war, war in seinen frühen Jahren Dramaturg am Mannheimer Nationaltheater. Während dieser seiner Dramaturgen-Zeit kam 1957 Hans Schülers legendäre *Parsifal*-Inszenierung heraus. Drese starb, fast 90-jährig, im Jahr 2011, doch die von ihm mitbetreute Inszenierung ist noch immer im Spielplan – und wird Jahr für Jahr aus dem Ensemble des Hauses heraus besetzt.

V Räume und Besetzung

KONZERTSAAL

Musik und Raum bilden eine ähnliche Einheit wie Musik und Stimme. Musik erklingt zwar in der Zeit, sie verläuft in der Zeit, sie entfaltet sich aber im Raum. Das hat auch Musiker früherer Zeiten immer wieder fasziniert, und die Verteilung verschiedener Musiker, die gleichzeitig an verschiedenen Orten spielen, ist nicht eine venezianische Erfindung, sie ist dort aber kurz vor 1600 zu einer ganz besonderen Blüte geführt worden. Heute dagegen hat sich das Verhältnis zum Raum sehr geändert, weil Musiker in sehr verschiedenen Räumen nahezu gleichzeitig agieren – aber mit Musik, die nur selten in ihrer eigenen Zeit entstanden ist. Opernhaus und Konzertsaal bezeichnen dabei nur grobe Richtungen. Es gibt ganz unterschiedliche Opernhäuser, vom kleinen Schlosstheater in Schwetzingen über das prachtvolle Opernhaus San Carlo in Neapel bis hin zum riesenhaften Gebilde der Metropolitan Opera in New York. Und es gibt eine Vielzahl von alten und neuen Konzertsälen, vom Wiener Musikvereinssaal über die Carnegie Hall bis zur neuen Hamburger Elbphilharmonie. Dazu erklingen Sinfoniekonzerte in Opernhäusern, auch in Kirchen und neuerdings immer öfter im Freien. Auf alles das soll und muss ein Interpret, ein Dirigent reagieren, nicht selten in wechselnden Konstellationen, mit wechselnden Protagonisten, aber bei stets zahlenden Zuhörern, die Höchstleistung erwarten. Auch dies mag auf den ersten Blick als eine Trivialität erscheinen, es ist aber bei näherem Hinsehen kompliziert. Das Dirigieren und Musizieren in ganz unterschiedlichen Räumen erfordert eine hohe Sensibilität – und eine große Erfahrung.

Der Konzertsaal, ein Erfindung des späten 18. und des 19. Jahrhunderts, ist keine feste Gegebenheit. Unsere heutige Konzertpraxis muss sich ständig an neue räumliche Gegebenheiten anpassen, noch nie ist Musik in derart unterschiedlichen Räumen erklungen. Die Differenz dessen, was man ‚kurze' oder ‚lange' Akustik[23] nennt, ist gegeben, aber ein Musiker, ein Interpret, ein Dirigent muss sich darauf einstellen – möglicherweise täglich wechselnd. Der Dirigent sollte sich gemeinsam mit den Musikern darauf verständigen, was vom Gespielten an das Publikum weitergegeben wird und weitergegeben werden kann. Die Annahme eines ‚idealen Hörers' nützt nicht viel, wenn die Verhältnisse dem entgegenstehen und allerlei Kompromisse erfordern. Ist die Akustik trocken, werden die Tempi zwar etwas schneller sein müssen. Gleichzeitig dürfen aber kurze Noten nicht zu schroff, Akzente nicht zu hart sein, staccati werden etwas mehr ‚vibrieren' müssen. In langsamen Sätzen wirken sich solche Verhältnisse besonders drastisch aus, gilt es doch, sie vor dem Auseinanderfallen zu bewahren. Große Säle mit viel Nachhall zwingen dazu, sehr rasche Musik so zu mäßigen, dass der Sinn dennoch deutlich im Saal ankommt. Kurze Noten müssen also eher etwas kürzer gespielt werden, große Klangentladungen dagegen darf man nicht überborden lassen. Ein bestimmter Konzertsaal kann inspirierender sein als ein anderer, herausfordernd sind sie alle – und es ist die Aufgabe des Dirigenten, darauf professionell zu reagieren. Das kann er leichter, wenn er einen Saal gut kennt, das muss er aber auch nach nur sehr kurzer Gewöhnung fertigbringen.

Natürlich gibt es ‚Stammsäle', also wenn ein Konzertorchester im eigenen Saal auftritt. Dann kennen die Musiker die Akustik und wissen aus langer Erfahrung, wie darauf zu reagieren ist. Der wundervolle, warme Streicherklang der Wiener Philharmoniker ist gleichsam die kollektive Antwort der Musiker auf den Großen Musikvereinssaal in Wien, der, wie zum Beispiel auch der des Amsterdamer Concertgebouw, einen langen Nachhall hat. Der brillante Blechbläserklang der Berliner Philharmoniker ist, wenigstens zum Teil, ein Resultat der ganz anderen Akustik von Scharouns Berliner Philharmonie. Es gäbe noch viele Beispiele. In all den Diskussionen, die in den letzten Jahren um ambitionierte Konzertsäle geführt worden sind, ist immer auch von der Akustik die Rede gewesen, wenig aber von dem Umstand, dass idealerweise Akustik und Orchesterklang eine komplizierte, in vielen Jahren oder Jahrzehnten entstandene Symbiose bilden, ein heikles Wechselverhältnis, das man nicht einfach und schon gar nicht leicht verändern kann und sollte. Open-Air-Konzerte stellen dabei einen Sonderfall dar. Der Ton der Bläser trägt im Freien unverhältnismäßig besser als der der Streicher. Gibt es keine elektroakustische Verstärkung hat man als Dirigent dem Rechnung zu tragen. Mit einer zu kleinen Streicherbesetzung ist eine Balance des Gesamtklanges unmöglich herzustellen. Man wird sogar bei der Auswahl der zu spielenden Werke einen Sonderweg einschlagen müssen. Das Gleiche gilt für Veranstaltungen in nicht für Musik vorgesehenen Hallen für Massenveranstaltungen. Als das Opernhaus Zürich während einer mehrjährigen Umbauzeit gezwungen war in alternative Spielorte auszuweichen, habe ich für eine Großproduktion von Mussorgskys *Boris Godunow* in der Riesenarena des Zürcher Hallenstadions von den drei existierenden Orchesterfassungen (Originalfassung in der Instrumentation des Komponisten, Fassung von Rimsky-Korsakov und der vollkommenen Neuinstrumentation der Originalfassung von Schostakowitsch) diejenige gewählt, die dort am besten zur Geltung kommen konnte. Meine Wahl fiel auf die sehr bläserlastige Schostakowitsch-Fassung, die noch dazu den Vorteil hat, die Schärfen des Klanges und die unzähligen Taktwechsel des Originals zu erhalten.

Ein Dirigent hat also auf alle veränderten akustischen Verhältnisse differenziert zu achten. Der vielfältige Reisebetrieb hat den Vorteil, dass heute viele Leute viele Säle und ungewöhnliche Spielorte kennen, aber zugleich den Nachteil, dass die Vertrautheit mit einem bestimmten Saal nicht im Vordergrund steht.

Die Dinge werden problematisch, wenn man mit einem Orchester auf Tournee geht. Da hat man zwar jeweils vor dem Konzert eine mindestens halbstündige ‚Anspielprobe', in der man sich wenigstens in Grundzügen mit der jeweiligen Akustik vertraut machen kann. Letztlich können Dirigent und Solist aber erst nach dem ersten Stück des Programms im vollbesetzten Saal die akustischen Verhältnisse wirklich einschätzen. Dabei kommt hinzu, dass der leere Saal ohne Publikum normalerweise einen längeren Nachhall hat als der vollbesetzte. Das ist nicht banal, denn es gilt in der Anspielprobe trotzdem, wenigstens die Grundkonstellationen zu testen, um für den Abend gewappnet zu sein. Man sollte also extrem laute und extrem leise Stellen probieren, um die dynamischen Grenzwerte zu erkunden; man sollte exponierte Passagen anspielen, besonders rasche ebenso wie sehr langsame, so kann man sich eine ungefähre Klangvorstellung machen. Die Säle selbst reagieren, auf die Größe eines Orchesters, auf dessen Klang, auf die Aufstellung – und natürlich auf das Publikum. Zwar wird man in kleineren Sälen die Stärke der Besetzung je nach aufzuführendem Werk anpassen müssen, aber auch hier gibt es keine

Regeln. Es wäre ziemlich unsinnig, eine Mozart-Sinfonie mit einer riesigen Streicherbesetzung zu spielen, nur weil ein großer Saal das erlaubt. Früher wurden in solchen Fällen oft auch die Holz-, manchmal sogar die Blechbläser verdoppelt. Heute macht man das nicht mehr, auch weil die Strukturen und Klangproportionen der Komposition völlig verwischt werden. Natürlich haben wir historisch reichliche Belege für doppelte Bläserbesetzungen, etwa bei Haydns Londoner Konzerten, aber sie waren auch dort die Ausnahme – und wir wissen am Ende nicht wirklich, wie sie konkret ein- und umgesetzt wurden. Andererseits wäre es vollkommen sinnlos, die *Alpensinfonie* in einem viel zu kleinen Saal anzusetzen – und die Sache durch eine verkleinerte Besetzung retten zu wollen. Auch hier wissen wir, dass Strauss selbst so etwas durchaus tun konnte, aber eben auch dies als sehr genau begründbare Ausnahme, die nicht eine Wiederholung rechtfertigt. Der wahre Reichtum an Klang und Klangfarben ist nur in der Originalbesetzung zu erreichen, so wie Strauss das Werk konzipiert hat.

Ich habe in Japan die Erfahrung gemacht, dass die zahllosen neuen Konzertsäle durchweg eine ganz ausgezeichnete Akustik besitzen und alle ziemlich ähnlich dimensioniert sind, mit einer Größe von ungefähr 1.000 bis 1.400 Plätzen, gebaut aus akustisch besonders günstigen Materialien, bevorzugt Holz, das zudem sehr schön aussieht. Das entspricht interessanterweise der europäischen Durchschnittsgröße seit etwa 1900; gigantische Monumentalbauten wie die Carnegie Hall in New York, die 2002 eröffnete Sala Santa Cecilia in Rom (beide mit je ca. 2.800 Plätzen) oder die riesenhafte Royal Albert Hall (mit allein 7.000 Sitzplätzen) sind stets die Ausnahme geblieben. In solchen Sälen kann man ohne größere Schwierigkeiten die ursprünglich probierten Besetzungen beibehalten, wenn man auf einer Konzerttournee in vielen Städten hintereinander auftritt. Mozart spielt man mit einer Streicherbesetzung von 12/10/8/6/4[24] und originaler Bläserbesetzung, bei den früheren Sinfonien geht es sogar in kleinerer Besetzung. Bruckner, Brahms und die Musik um 1900 wie Strauss oder Mahler kann man mit einem Apparat von 16/14/12/10/8 Streichern problemlos auf die Bühne bringen, und dies entspricht einer Größe, wie sie Richard Wagner erstmals gewünscht hat. Nur in Ausnahmefällen wie der 8. Symphonie (der sogenannten Symphonie der Tausend) von Mahler oder dem *Festlichen Präludium* von Strauss wird man andere Lösungen suchen müssen, aber schon Mahler selbst hat seine Achte bei der Uraufführung aus einem normalen Konzertsaal ‚ausgegliedert'.

AUFSTELLUNG UND BESETZUNG

Eine immer wieder aufkeimende Diskussion ist die über die Orchesteraufstellung, die sich über die Jahrhunderte fortwährend verändert hat. Historische, akustische, pragmatische Argumente überblenden sich dabei unentwegt, und weil das so ist, sind Entscheidungen, die nur in die eine oder andere Richtung getroffen werden, problematisch. Man kennt bildliche Darstellungen von Orchestern etwa aus der Haydn- und Mozart-Zeit, doch zeigen diese in der Regel Aufstellungen für kleinere Räume, die jedenfalls nichts mit den Konzertsälen ab dem späteren 19. Jahrhundert zu tun haben, die auch nicht mit dem ‚Dirigenten' im neuzeitlichen Sinne rechnen. Es ist durchaus ein fragwürdiger Historismus, solche Aufstellungen einfach in einen neuen Saal zu verpflanzen – und dann noch einen Dirigenten hinzuzufügen. Andere Säle haben nicht nur andere Möglichkeiten, sondern auch andere Verpflichtungen. Dennoch entscheidet nicht der Klang allein über die Aufstellung,

Notenbeispiel 9
Mozart *Symphonie KV 425* (Linzer), Finale.
Nur mit geteilter Aufstellung der Violinen (links – rechts) wird der von Mozart häufig angewandte stereophone Effekt deutlich.

es gibt eine Reihe wichtiger historischer und kompositorischer Details. Es ist also ziemlich wichtig, ob die ersten und die zweiten Violinen auf einer Seite beieinander sitzen oder nicht. Bei Komponisten wie Mozart oder Beethoven gibt es so viele ‚stereophone' Effekte, dass es widersinnig wäre, diese durch die Positionierung der Geigen nur auf einer Seite regelrecht zu zerstören. Man findet „Stereophonie" in vielen Werken der Klassik, die ausschließlich durch getrennte Aufstellung der Violinen plastisch hörbar gemacht werden können. Ein schönes Beispiel ist das Finale von Mozarts Linzer Sinfonie, bei dessen Schluss das Thema zweimal in so einem stereophonen Effekt erklingt.

In den letzten 25 Jahren hat sich eine klare Trennung der üblichen Orchesteraufstellungen herausgebildet, die natürlich selbst wieder fiktiv ist. Als Gastdirigent wird man oft gefragt: „Wollen Sie die alte deutsche Aufstellung (Violinen links und rechts, Kontrabässe links außen, Violoncelli daneben und Bratschen halbrechts), oder die sogenannte amerikanische Aufstellung (Violinen beisammen links, Kontrabässe rechts, davor Violoncelli, Bratschen daneben)?" Ich selbst bevorzuge bei eher ‚klassischen' Programmen die erste Variante, bei den großen Werken des späten 19. und des 20. Jahrhunderts eher die zweite. Natürlich ist alles dies relativ, es hängt auch von den Möglichkeiten eines Orchesters ab. Und es stellt sich auch die Frage, wie viel Flexibilität der Kultur eines Orchesters guttut. Dass sie aber in Grenzen vorhanden ist, ist sicherlich ein Vorzug. Auf alle Fälle schult die getrennte, alte deutsche Aufstellung der Violinen die Reaktion der Musiker, wenn sie miteinander dialogisieren und sich gegenseitig Themen ‚zuwerfen' müssen oder auf Details räumlich getrennt reagieren müssen.

Doch gibt es ja noch weitere Besetzungsprobleme und -fragen. In Werken der Klassik sollten Trompeten und Pauken direkt zusammensitzen. Man muss bedenken, dass zum Beispiel in Messen von Haydn die Paukenstimme oft gar nicht ausgeschrieben wurde, dass also der Pauker aus der Trompetenstimme spielte – wobei die damaligen Musiker natürlich genau wussten, wo sie mitzuspielen hatten. Es kamen ja üblicherweise nur Töne auf der Tonika und der Dominante oder Subdominante vor. Pauken und Trompeten sind dann also als Einheit zu sehen, doch schon kurze Zeit später ist diese Einheit mehr und mehr infrage gestellt worden.

Hier muss man als Dirigent besondere Aufmerksamkeit auf das vom Pauker verwendete Instrumentarium lenken, entsprechend den zu spielenden Werken. Für Mozart kommen z. B. nur kleinere pedallose Pauken infrage, die getreu der damaligen Praxis mit Holzschlägeln oder sehr harten Filzschlägeln geschlagen werden müssen. Gut ausgebildete Pauker passen in romantischen und modernen Werken ständig die Schlägelgröße an die jeweilige zu spielende Stelle an.

Fragen der Orchesteraufstellung gibt es selbstverständlich auch in Opernhäusern, wo alle Besetzungsprobleme den in der Regel begrenzten Raumverhältnissen geschuldet sind. Da Orchestergräben oft eng sind, auch unbequem, leiden natürlich all jene besonders, die direkt vor den Blechbläsern und den Schlagzeugern sitzen – denn diese Instrumente sind naturgemäß laut. Man hat zwar heutzutage oft Plexiglasschirme im Rücken der Betroffenen, doch die können die Probleme nicht wirklich mildern, da sie nur begrenzten Schutz gewähren.

Ich bin der Meinung, dass heutzutage sowohl die Blechbläser als auch die Pauken durchwegs zu laut spielen, eine Mischung des Klanges mit dem übrigen Orchester, vor allem mit den ohnehin zu schwach besetzten Streichern, kommt dadurch oft nicht wirklich zustande. Ich erinnere mich häufig schmerzverzerrter Gesichter in Vorstellungen von Strauss'

Elektra oder in manchen Wagner-Werken. Das ist nicht ungefährlich, zumal ein Dirigent zwar darauf reagieren kann, aber eben nur in den Grenzen der Partitur. Generell hat die Lautstärke in den Sälen und Gräben deutlich zugenommen, und nicht wenige Musiker erleiden einen Hörsturz oder müssen das Orchester sogar vor Erreichen der Altersgrenze ganz verlassen.

DYNAMIK

Die Dynamik ist ein heikles Problem, denn alle Partiturangaben sind immer auch relativ, sie können ja nicht absolut sein – und ein forte ist nicht immer ein forte. Die Lautstärke hat in der Tat zum Teil dramatisch zugenommen. Viele Sänger beklagen daher, dass die heutigen Orchester im Opernhaus zu stark spielen. Dieser Vorwurf ist in Teilen nicht unberechtigt, und es ist die Aufgabe der Dirigenten, dem nicht immer weiter nachzugeben, sondern gegenzusteuern. Bei Wagner hat man als Dirigent tatsächlich oft große Mühe, die Lautstärke des Orchesters zu drosseln. Technische Veränderungen spielen dabei eine Rolle, manche Instrumente haben sich gegenüber ihren historischen Vorläufern sehr stark gewandelt, immer zugunsten eines größeren Volumens. Noch bis ins 20. Jahrhundert hinein spielten Streicher mit Darmsaiten, die nicht annähernd so aggressiv klingen wie die heutigen, belastbaren Stahlsaiten. Die enger mensurierten Blechbläser klangen schlanker, das hat ihrer Prägnanz, vielleicht auch ihre Schärfe erhöht – zugleich aber ihr Volumen gedämpft. Heutzutage werden Trompeter an den Hochschulen durchwegs auf brillanten Ton ausgebildet und jeder junge Trompeter ist stolz auf seinen ‚Strahl'. Umso größer ist ihre Enttäuschung, wenn sie dann im Orchester spielen und von Dirigenten ständig zu Mäßigung angehalten werden. Durch die Alte-Musik-Bewegung ist das Bewusstsein für den differenzierten Klang der jeweiligen Epoche wieder geschärft worden und zahlreiche Spezialensembles sind aus dem Boden geschossen. Die Kinderkrankheiten, dass ‚alte' Instrumente auch schlecht intoniert klangen, sind glücklicherweise inzwischen selbst Geschichte geworden.

Natürlich wäre es ideal, in einer Mozart-Oper ausschließlich Naturhörner und Naturtrompeten zu verwenden oder eng mensurierte Posaunen; teilweise wird dies auch schon gemacht. Doch der Orchesteralltag sieht anders aus, und in einem üblichen Ensemble ist es Musikern oft nicht zuzumuten, an einem Abend eine Mozartoper auf Naturinstrumenten zu blasen und am darauffolgenden Wagner oder Strauss, die einen viel größeren und strahlenderen Klang erfordern. Auch wäre bei massiven Eingriffen die Klangkultur und Homogenität des Bläsersatzes gefährdet. Diese entsteht ja nicht von selbst, sie ist das Ergebnis eines langen Prozesses. Das bedeutet allerdings auch, dass man in Fragen der Dynamik von den Relationen der Instrumente zueinander ausgehen muss. Und natürlich von den Relationen zu den Sängern. Man muss lernen, dass die Ausführung eines forte im *Tristan* von der jeweiligen Stelle abhängt, von dem, was der Orchestersatz und was die Sänger tun. Die überbordende Lautstärke kann das Differenzierungsvermögen nicht ersetzen. Strauss berichtet eine bezeichnende Anekdote von Hans von Bülow: „Auf einer Orchesterprobe in Meiningen rief er dem ersten Hornisten zu: ‚Forte!' Der blies stärker. Bülow klopfte ab und sagte sanft verweisend: ‚Ich habe Ihnen doch gesagt, forte.' Der Hornist blies noch stärker. Bülow zum dritten Male abklopfend, mit merklich erhobener Stimme: ‚Erstes Horn, forte!' Der Hornist antwortet verzweifelt: ‚Aber

Herr von Bülow, ich kann nicht mehr stärker blasen.' Bülow, mit mephistophelischem Lächeln und äußerster Süßigkeit im Ton: ,Das ist es gerade. Ich sage Ihnen die ganze Zeit forte, und Sie blasen fortwährend fortissimo'. Großes Hallo! Von diesem Tage an war der Unterschied zwischen f und ff endgültig festgestellt."[25]

Das ausschließlich privat geförderte Wagner-Festival in Wels, von dem noch die Rede sein wird, fand in einem eigentlich viel zu kleinen Theater statt. Und dennoch konnten wir dort einen Wagner ganz nach unseren Vorstellungen verwirklichen, szenisch wie musikalisch. Das war im Orchester mit manchen Kompromissen verbunden, aber gerade der kleine Saal, der hohe Graben haben mich genötigt, die Dynamik auf das Genaueste auszudifferenzieren. Dies hat nicht nur das Zusammenwirken mit den Sängern auf eine ganz neue Ebene gestellt, sondern auch eine ganz neue Unmittelbarkeit des Klanges erzeugt, sogar in einem so schwierigen Werk wie dem *Parsifal*. Der sehr hochgefahrene Orchestergraben gab dem Publikum die Möglichkeit, sich sozusagen selbst im Orchester zu fühlen und dadurch den Klang fast körperlich mitzuerleben, wie mir von Zuhörern mehrfach bestätigt wurde. Zudem kam, dass die meisten Musiker die Sänger auf der Bühne gut hören konnten und dadurch tatsächlich versuchten, sich an deren Dynamik anzupassen. Die oftmals geführten Klagen über einen zu lauten oder zu ,fetten' Wagner-Klang hatten sich damit erübrigt – obwohl es klanglich gar keine Rücknahme war.

AUSWENDIGDIRIGIEREN

Auch wenn für mich, wie gesagt, die Partitur die Bibel ist, so muss man den Text dieser Bibel doch verinnerlicht haben.

Alles das, was für eine Aufführung räumlich, klanglich, dynamisch wichtig ist, muss man im Kopf haben. Mein Lehrer Swarowsky, den wir immer lakonisch ‚Swa' nannten, pflegte zu sagen: „Sie können es nicht inwendig bekennen, wenn sie es nicht auswendig können." Oder, wie es Swarowskys Mentor Strauss von Hans von Bülow berichtete: „Die Partitur sollte man im Kopf haben und nicht den Kopf in der Partitur." Das Auswendigdirigieren ist selbstverständlich kein Kriterium für die Qualität eines Dirigenten, aber doch ein Zeichen für die Beherrschung der Partitur – ob man diese nun auf dem Pult liegen hat oder nicht. Ich finde, jeder Dirigent muss selbst entscheiden, ob er mit oder ohne Partitur dirigiert. Berühmte Kollegen wie Georg Solti oder Riccardo Muti haben nicht ein einziges Mal in ihrer Karriere auswendig dirigiert, was keinerlei Schmälerung ihrer künstlerischen Leistung zur Folge hatte.

Ein persönliches Schlüsselerlebnis war für mich als Jugendlicher eine Aufführung der zweiten Suite aus Ravels *Daphnis und Chloé* unter der Leitung des damals 23-jährigen Zubin Mehta. Diese Musik hatte mich so gefangengenommen, dass der Entschluss gefallen war, Dirigent zu werden, um so etwas auch selbst einmal hinbekommen zu können. Es ist aber eine so komplexe Partitur, dass man sie vollständig beherrschen muss, und gerade dies war mir schon ganz früh klar. Man kann so ein Werk kaum nach Noten dirigieren. Dieses Problem besteht schon bei den großen Werken der Romantik. So sind zum Beispiel bei einer Bruckner-Sinfonie der formale Aufbau und die großformatige Architektur derart wichtig, dass man beim Dirigieren nach Noten durch das ständige Blättern der Partitur fast die Übersicht über die großräumige Gliederung verliert. Eine Partitur muss man lernen, und dieses Lernen kostet viel Mühe und Zeit. Ich habe einmal sehr kurzfristig eine Aufführung von Franz Lachners Oper *Catarina Cornaro* beim Bayerischen Rundfunk übernommen. Es ist dies ein Werk, das bis gegen 1900 noch ziemlich präsent war – und dann über einhundert Jahre gar nicht mehr aufgeführt wurde, nirgendwo. Es war für alle Neuland, und ich hatte neben gleichzeitigen CD-Aufnahmen nur zwei Wochen zu einer intensiven Vorbereitung, wohl wissend, dass es auch für alle anderen keinerlei Erfahrung mit dem Werk gab. (Dass dann noch die Sängerin der Titelpartie kurzfristig ersetzt werden musste, hat das Abenteuer nochmals vergrößert.) Und dennoch, auch dann muss man eine Partitur kennen und können, sonst ist die Aufführung zum Scheitern verurteilt. Und wenn ich Werke wie den *Tristan* oder den *Figaro* heute dirigiere, studiere ich die Partituren, die mir doch aus unzähligen Aufführungen vertraut sind, immer wieder von Grund auf.

Natürlich sieht das bei komplizierten neuen Partituren oder bei Uraufführungen anders aus, aber auch dort gilt der Grundsatz, dass man sie beherrschen muss und soll, weil anders eine Aufführung nicht gelingen kann. Wenn die Partitur aber selbst gar keine genauen Kontrollen erlaubt, weil sie entweder schlecht komponiert oder verwirrend notiert ist, dann liegt das Problem nicht beim Interpreten, sondern beim Werk.

1 König Frederik IX. von Dänemark übergibt den 1. Preis beim Nikolai-Malko Dirigentenwettbewerb an Ralf Weikert, Kopenhagen 1965. Foto: J. Staehr.

2 Der Dirigent Karl Böhm anlässlich der Verleihung des Karl-Böhm-Preises an Ralf Weikert, Salzburg 1975. Archiv des Verfassers.

3 Konzeptionsgespräch mit Günther Schneider-Siemssen und Götz Friedrich für eine Produktion von Boris Godunoff des Opernhauses Zürich im Hallenstadion Zürich, 1984. Privatarchiv Paul Suter.

4 Die Regisseurin Ruth Berghaus mit Ralf Weikert bei einer Probe zu „Katja Kabanova", Opernhaus Zürich 1994 © Peter Schlegel, Zürich.

5 Szene aus „Lucia di Lammermoor“ mit Edita Gruberova und Francisco Araiza, Opernhaus Zürich 1986 © Peter Schlegel, Zürich.

6 Gösta Winbergh und Lucia Popp im 1. Akt des „Lohengrin“, Opernhaus Zürich 1991. © Peter Schlegel, Zürich.

7 Ralf Weikert beim Dirigierunterricht, Zürich 2015. Privatarchiv des Verfassers.

8 Bei einer Orchesterprobe für eine Uraufführung mit dem Komponisten Beat Furrer, Zürich 1992. Privatarchiv Paul Suter.

9 Gösta Winbergh als Lohengrin in der Produktion von Robert Wilson, Opernhaus Zürich 1991. © Schlegel & Egle, Zürich.

10 Szenenbild vom 2. Akt des „Tannhäuser“ in der Produktion des Wagner-Festivals, Wels 2015. Mit freundlicher Genehmigung des Wagner-Festivals, Wels.

11 Stig Andersson und Michael Kupfer-Radecky im 3. Akt von „Tristan und Isolde“ in der Produktion des Wagner-Festivals, Wels 2015. Mit freundlicher Genehmigung des Wagner-Festivals, Wels.

12 Szene der Blumenmädchen aus dem 2. Akt des „Parsifal“ in der Produktion des Wagner-Festivals, Wels 2014. Mit freundlicher Genehmigung des Wagner-Festivals, Wels.

13 Ralf Weikert vor der Ankündigung des „Fliegenden Holländers“ in der Nationaloper Seoul, 2015. Privatarchiv des Verfassers.

14 Schlussszene des „Fliegenden Holländers“ mit Hans Sotin in der Produktion des Wagner-Festivals, Wels 2013. Mit freundlicher Genehmigung des Wagner-Festivals, Wels.

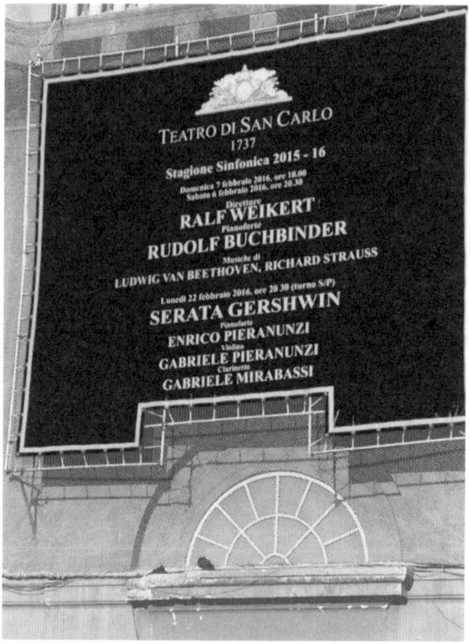

15 Cartellone am Teatro San Carlo Neapel, 2016. Privatarchiv des Verfassers.

16 Ralf Weikert vor einer Probe im Teatro San Carlo Neapel, 2016. Privatarchiv des Verfassers.

VI Geschichte und Gegenwart

DIRIGENT HEUTE

Dirigent ist ein neuzeitlicher, eigentlich ein moderner Beruf, ein Beruf, der eine große, aber vergleichsweise kurze Tradition hat. Im 18. Jahrhundert und noch in der ersten Hälfte des 19. Jahrhunderts war der Komponist zugleich sein eigener Interpret, nicht nur, aber vor allem Haydn, Beethoven, Weber oder Mendelssohn standen nicht (nur) fremden Partituren gegenüber, sie wussten um den Gehalt ihrer eigenen Werke, deren Aufführungen sie anfangs überwachten. Aber natürlich wurden auch ihre Werke durch Fremde aufgeführt, in anderen Regionen und Ländern – und schließlich auch in immer größer werdenden historischen Abständen. Die Partituren bedurften damit in immer stärkerem Maße fremder Anwälte, also jener Mittler, die sie einem Publikum nahebringen konnten – unabhängig von Ort, Zeit und Zusammenhang der Entstehung. Bei einem ‚normalen' Konzert heute verfügen weder Musiker noch Hörer über irgendeine persönliche Erfahrung mit den Komponisten, die in aller Regel schon vor langer Zeit gestorben sind. Die Aufgabe eines Dirigenten als Mittler ist es also, ein Werk aufgrund der vorliegenden Niederschrift zu vergegenwärtigen. Je größer der Abstand zur Entstehung, desto anspruchsvoller wird diese Aufgabe. Diese Aufgabe nennt man vordergründig Interpretation, doch was heißt das eigentlich?

Damit ist zwar die Auslegung, die Deutung eines Textes gemeint, aber eines Notentextes. Damit sind Besonderheiten verbunden, einerseits die Aufzeichnung, die Schrift betreffend, andererseits den Charakter der Musik. Die Schrift gilt dem Klang, weswegen es so große Probleme gibt, von der Schrift in den Klang zu kommen. Andererseits ist Musik eine Kunst, in der das Gefühl, das Emotionale eine große Rolle spielt. Gerade dies birgt aber die Gefahr in sich, sich allein aufs Emotionale zu verlegen, also die Partituren einseitig auf ihren Gefühlsgehalt hin zu realisieren. Doch damit ist der geistige Gehalt einer Partitur nicht oder nur zu einem Bruchteil betroffen. Ein unkritisches Publikum mag beeindruckt sein, wenn ein Dirigent sich wie ein hypnotischer Schlangenbeschwörer vor dem Orchester gebärdet, wenn er mit dem Gefühlsgehalt einer Partitur verschmilzt. Mit einer ernsthaften Auseinandersetzung, mit einem Eindringen in den geistigen Gehalt eines Werkes hat das aber wenig zu tun.

Entscheidend ist es, das zum Klingen zu bringen, was der Komponist mühsam in die Notenschrift der Partitur gebannt und damit der Nachwelt überliefert hat. Und dabei ist das Emotionale eben nur eine Ebene, die überdies in den Schriftzeichen nur mittelbar auftaucht, aber dafür sehr leicht zu bedienen ist, zumeist in sehr vordergründigen Effekten. Andererseits muss man sich aber hüten, in verqueren Vereinnahmungen der Partitur etwas abzunötigen, was sie gar nicht aufweist. In Kritiken liest man oft den Satz, dem ein oder anderen Dirigenten sei es gelungen, Verborgenes zwischen den Zeilen zutage treten zu lassen, also eine ganz neue Seite der Partitur zu erschließen. Ich halte das für Unsinn und hatte das Bonmot von Swarowsky bereits zitiert, man solle nicht zwischen den Zeilen, sondern in den Zeilen lesen. In der Tat, das ist bereits schwierig genug, und Swarowsky wurde nicht müde, seine Studenten, zu denen auch Claudio Abbado, Zubin Mehta oder Mariss Jansons gehörten, auf die Mühsal dieses Lesens hinzuweisen. Eine Partitur ist nie ‚ausgelesen', sondern bleibt eine lebenslange Herausforderung, dem Willen des Komponisten so nahe wie möglich zu kommen, mit jeder Aufführung etwas näher. Das ist die eigentliche Aufgabe des Dirigenten heute.

Die Tätigkeit des Dirigenten hängt auch mit sozialen Veränderungen zusammen. Bevor es den eigenständigen Beruf gab, veränderte sich bereits der gesellschaftliche Rang des Musikers. Haydn war beim Fürsten Esterhazy ein Hofbediensteter, der auch die Uniform eines Lakaien tragen musste. Mozart haderte mit einer solchen höfischen Stellung, die sein Vater noch ganz selbstverständlich ausgeübt hatte, und er ließ es daher zum Bruch mit dem Fürsterzbischof kommen. Mozart wollte selbständig leben, zwar von der Gunst des finanziell hochmögenden Adels, aber nicht im Sinne eines institutionalisierten Abhängigkeitsverhältnisses. Das gilt auch für Beethoven, der zwar zahlreiche adlige Gönner hatte, aber nicht im Sinne eines Anstellungsverhältnisses agiert hat und agieren wollte. Schubert schließlich hat in seinem kurzen Leben solche Gönner gar nicht erst gefunden, wenn auch alles darauf hindeutet, dass sein Tod ganz kurz vor seinem großen Durchbruch eingetreten ist. Doch alles dies sind Komponisten, die auch dirigiert haben, denen das Dirigieren also keine Haupttätigkeit war. Mendelssohn dagegen ist vielleicht der erste wirkliche neuzeitliche Dirigent, also derjenige, der sowohl das Komponieren wie das Dirigieren mit höchster professioneller Ambition betrieben hat. Er stammte aus reichem Hause, und seine Position als Musikdirektor am Leipziger Gewandhaus musste ihm gar kein Auskommen verschaffen, sondern er war zeitlebens, in einem besonderen Privileg, unabhängig. Vielleicht hat diese Unabhängigkeit seine besondere Wirkung als Dirigent überhaupt erst ermöglicht.

Damit war der neuzeitliche Dirigent geschaffen, der im Umfeld Richard Wagners eine besondere Bedeutung erlangt hat. Wagner selbst trennte Dirigent und Komponist voneinander, er, obwohl eigentlich Kapellmeister, dirigierte nach seiner Flucht aus dem Dresdner Amt immer seltener und schließlich nur noch in Ausnahmefällen. Dafür baute er systematisch Hans von Bülow zu einem, zu seinem Dirigenten auf, und so wurde dies zu Bülows Hauptberuf. Das Komponieren spielte für ihn nur noch eine beiläufige Rolle. Auch wenn Wagner ihm dies nicht gerade gedankt hat, so war die damit eingeleitete Entwicklung im Grunde nicht mehr umkehrbar. Natürlich gab es auch Gegentendenzen, vor allem in den gegensätzlichen Persönlichkeiten von Gustav Mahler und Richard Strauss. Sie beide hielten an der Einheit von Dirigent und Komponist fest, und beide hatten um 1900 die wohl bedeutendsten Kapellmeisterämter im deutschen Sprachraum inne: Strauss in Berlin und Mahler in Wien; beide haben dafür übrigens sehr hohe Gagen erhalten. Und beide haben das Dirigieren mit dem Komponieren auf elementare Weise verbunden.

Dennoch, dies ist die Ausnahme geblieben, mit der Figur Hans von Bülows war der neuzeitliche, der moderne Dirigent geboren – und von ihm entfaltet sich die lange Reihe der legendären Kapellmeister: Hans Richter oder Felix von Weingartner, Arturo Toscanini oder Karl Elmendorff, Artur Nikisch oder Wilhelm Furtwängler. Sie beherrschten das Musikleben in Europa als Orchesterleiter, sie haben das Orchester eigentlich erst zu einem Instrument gemacht. Es bildete sich dabei zunehmend der omnipräsente und omnipotente Diktator am Dirigentenpult heraus, Männer – und es waren ausschließlich Männer, so, wie es in den Orchestern ebenfalls keine Frauen gab –, die nicht nur als Persönlichkeiten die Spielkultur der Orchester bestimmten, die nicht nur über das Repertoire gewacht haben, sondern sogar die Kündigungsgewalt über ihre Musiker besaßen. Die Orchester wurden zu ‚ihren' Instrumenten, was man besonders deutlich an der Gründung des NBC-Symphony-Orchestra sehen kann. Es wurde 1937 eigens für Toscanini gegründet – und 1954, nach seinem Abschied, folgerichtig auch aufgelöst.

Der Dirigent wurde zu der Leitfigur, die er heute noch ist. Zu Zeiten Mozarts war auf den Programmzetteln kaum der Name des musikalischen Leiters einer Aufführung zu finden. Mit dem Aufstieg der Aufführung zur Interpretation im 20. Jahrhundert wurde der Name des Dirigenten immer wichtiger, oftmals wichtiger als der Name des Komponisten. Man sprach vor allem über den Dirigenten einer Aufführung, den man nicht selten zum ‚Pultstar' hochjubelte. Nach der Ära der ‚Titanen', so unterschiedlicher Persönlichkeiten wie Furtwängler, Knappertsbusch, Klemperer oder Karajan, schlug das Pendel erstmals wieder stärker in eine Form von Sachlichkeit um. Im Opern- und Konzertbetrieb waren jetzt zusätzliche Fähigkeiten gefordert, vor allem im Organisatorischen. Es musste und muss Geld für den Erhalt eines Orchesters aufgetrieben werden, Sponsoren wurden wichtig, auch wurde das Verlangen immer größer, den Saisonbetrieb auf das ganze Jahr auszudehnen. In Amerika setzte diese Tendenz schon in der ersten Hälfte des 20. Jahrhunderts ein, in Europa dann nach 1970, als viele Orchester in immer stärkere finanzielle Not gerieten und auch aufgelöst wurden.

Ungeachtet dieser Entwicklung scheint heute das Pendel abermals umzuschlagen. Am Anfang des 21. Jahrhunderts sind die Medien immer wichtiger geworden, weniger die traditionellen Zeitungen als die neuen elektronischen Foren – und vor allem eine neue Form des Marketings. Die Kehrseite des Sponsorings zeigt sich nun wieder in der Suche nach ‚Stars', die möglichst von den Medien ‚gemacht‘ werden, je jünger, desto besser. Einerseits steht der Tonträgermarkt vor dem Zusammenbruch, andererseits ist er unüberschaubar geworden, geflutet geradezu mit immer neuen Namen. So mancher junge ‚Shootingstar‘ bekam auf einmal seine Chance, war aber oft nach wenigen Jahren von der Bildfläche verschwunden. Gleichwohl, der Dirigent als verantwortlicher Interpret hat mit alledem umzugehen. Er muss die Erwartungen, die an ihn gestellt werden, vor allem im Organisatorischen, erfüllen, er darf aber nicht den Verlockungen des Starkults erliegen. Das Publikum durch äußerliches, effektvolles Posieren und choreographisches Darstellen der Musik zu gewinnen ist nicht die vordringliche Aufgabe des Dirigenten., seine Aufgabe ist es auch nicht, ‚seinen Beethoven ‘, sondern einfach nur ‚Beethoven‘ aufzuführen – was schwierig genug ist und einen lebenslang beschäftigen kann.

REPERTOIRE

Mit der immer stärkeren Herausbildung des Dirigentenberufs hat sich auch das Repertoire immer weiter eingeschränkt. Ob das ein ursächlicher Zusammenhang ist, ob also diese Beschränkung die Interpretation begünstigt, braucht uns hier nicht zu interessieren. Noch vor 100 Jahren sah dies aber ganz anders aus. Das Opern- und Konzertrepertoire, das etwa Gustav Mahler und Richard Strauss gepflegt haben, war umfassend, es enthielt Namen, die man heute kaum noch kennt – und einen ganz anderen Anteil an Gegenwartsmusik. Das hat sich im Laufe des 20. Jahrhunderts grundlegend verändert. Man kann das beklagen, aber es ist nun einmal eine Tatsache. Und dies hat auch den Beruf des Dirigenten geprägt. Es gab ‚Pultstars‘, die mit ‚ihrem‘ Beethoven oder Brahms von Orchester zu

Orchester reisten oder sich zum Mozart- oder Bruckner-Dirigenten hochstilisieren ließen. Zwar gab (und gibt) es im Repertoire eine gewisse Erweiterung durch die sogenannte ‚Neue Musik', die zur kulturpolitischen Aufgabe erhoben wurde und deswegen ihr Dasein in Nischenkonzerten fristet oder wohlverpackt in Programme mit gängigem Repertoire dosiert wird. Doch eine wirkliche Veränderung bedeutet dies nicht.

Die Antwort darauf ist widersprüchlich. Denn in den letzten 50 Jahren kam es zu einer immer größeren Spezialisierung bei den Dirigenten. Für Bruno Walter war es noch selbstverständlich, Bach, Mozart und Mahler auf das Programm zu setzen, und noch Günter Wand dirigierte während seiner gesamten Zeit als Gürzenich-Kapellmeister Jahr um Jahr Bachs *Matthäuspassion*. Dies hat sich heute geändert, das Repertoire ist oft auf Spezialisten aufgeteilt, die ‚ihren' Ausschnitt machen und nichts (oder fast nichts) sonst. Es gibt Dirigenten für ‚Alte Musik' (die doch den Dirigenten eigentlich gar nicht kennt), Barockspezialisten also mit ihren eigenen, hochspezialisierten Orchestern, die auf historischen Instrumenten spielen. Es gibt Dirigenten, die fast nur noch Wagner dirigieren, begleitet von Medien, in denen dies als im Grunde die einzig gültige Aufführungsweise gefeiert wird. Oder selbsternannte Bruckner-Exegeten, deren Hauptmerkmal extrem breite Tempi waren, wiederum von den Medien gefeiert für ihr Spezialistentum. Oder unbedingte Fachleute für ‚Neue' und ‚Neueste Musik', die oft mit ihren Spezialensembles unterwegs sind und die nicht im traditionellen Sinne dirigieren, sondern die oft extrem komplizierten Verläufe organisieren und den Zug wie ein Lokführer auf den Schienen halten.

Nichts gegen ‚Neue' und ‚Neueste Musik'. Ich habe es als Dirigent immer herausfordernd und bereichernd gefunden, Uraufführungen zu dirigieren. Die Erarbeitung einer ganz neuen Partitur, eines bisher noch nie erklungenen Werkes benötigt natürlich sehr viel Zeit, will man dem Notat des Komponisten in der Aufführung gerecht werden. Für mich war und ist zudem die persönliche Begegnung mit den Komponisten, die fachliche Auseinandersetzung mit ihrem und über ihr Werk aufregend. Ich erinnere mich der aufregenden Produktion von John Cages *Europeras* 1991, wo der Komponist durchaus dezidiert Einfluss genommen hat. Gewiss, es gibt auch dort Unterschiede. Manche Komponisten erzählen einem buchstäblich das Blaue vom Himmel, andere versuchen, einem die Klangwirkungen, die ihnen vorgeschwebt sind, exakt zu beschreiben. Aber es gibt auch solche, die einen ganz und gar davon überzeugen, dass die volle Wirkung ihrer Musik dann – und nur dann – erreicht wird, wenn man ihre akribischen Aufzeichnungen möglichst genau in Klang umsetzt. Nicht erstaunlich, dass ich mich dabei als Dirigent am wohlsten gefühlt habe und immer am wohlsten fühle. So ist es mir etwa bei der Zusammenarbeit mit Henze oder Kelterborn gegangen.

SPEZIALISIERUNG

Die Tendenz zur Spezialisierung ist unübersehbar, und dennoch halte ich sie für falsch. Natürlich, die Kennerschaft in einzelnen Bereichen hat in den letzten 50 Jahren großen Einfluss auch auf den Dirigierberuf allgemein gehabt. Die ‚historische Aufführungspraxis', die sich seit einiger Zeit ‚informiert' nennt, hat Auswirkungen gehabt auf Spieltechniken, also Bogentechnik und -haltung bei den Streichern, auf die Artikulation, auf die Technik der Phrasierung, die im Laufe des 19. Jahrhunderts weitgehend verloren gegangen ist. Die Musik wird weniger ‚absolut' als vielmehr sprachähnlich verstanden, mit eigenem Vokabular und eigener Syntax. Dahinter kann man ja nicht zurück, denn das großflächige Phrasieren, die ästhetische Oberflächenbehandlung, wie wir sie noch in alten Aufnahmen hören können, gehören nun selbst der Vergangenheit an. Dass dazu viel historisches Wissen, reiche Kenntnis der Eigenheiten, sowohl des Komponisten wie auch seiner Zeit, notwendig sind, das versteht sich ja von selbst. Zumal die Notenschrift ihrerseits großen Veränderungen unterlegen ist.

Um auch hier ein – schon erwähntes – Beispiel zu nennen. Das Vibrato ist zum Gegenstand von Glaubensfragen geworden, es gibt Dirigenten, die dieses kategorisch ablehnen. Doch schon Leopold Mozart hielt das Vibrato für „eine Auszierung, die aus der Natur selbst entspringt und die nicht nur von guten Instrumenten, sondern auch von geschickten Sängern bei einer langen Note zierlich angebracht werden" kann. Sehr anschaulich gibt Leopold Mozart ein Beispiel in seiner Gründlichen Violinschule:

Es geht also nicht um die Frage Vibrato–Nichtvibrato, sondern um einen differenzierten Einsatz. Das Bewusstsein darüber wurde durch das Spezialistentum geschärft, entscheidend geschärft.

Kein Dirigent kann alles. Und dennoch, die Spezialisierung auf ganz bestimmte Segmente bedeutet eine Verengung. Ich selbst möchte meine Erfahrungen bei Uraufführungen so wenig missen wie meine Mozart- oder Bach-Dirigate. Es geht dabei heute nicht um eine undifferenzierte Breite, sondern um das Vermögen des Dirigenten, einer Partitur der Vergangenheit – und er hat es über weite Teile mit Vergangenheit zu tun – angemessen gerecht zu werden. Das geht nicht durch Fühlen, es geht aber auch nicht durch voreilige Beschränkung. Ein Bonmot Adornos abändernd könnte man sagen, wer nur etwas vom Wagner-Dirigieren versteht, versteht auch davon nichts. Ich habe während meiner gesamten Tätigkeit ein möglichst breites Spektrum abgedeckt. Dabei war ich in der Regel geleitet von dem Willen, ein Werk der Geschichte für die Gegenwart zu erschließen, als Anwalt des Komponisten und seiner Partitur. Wer sich dabei etwas zur Artikulation bei Mozart erarbeitet hat, über die unglaublich differenzierte Verwendung von Keilen, Strichen und fortepianos (fp), der weiß, wie unterschiedlich die Verwendung dieser Vorschriften erfolgt ist. Er weiß aber auch, dass ein fp bei Rossini, Verdi, Wagner oder Strauss etwas ganz anderes ist, ganz anders ausgeführt werden muss.

Es ist die Einsicht in dieser Differenz, die das dirigentische Handwerk eigentlich ausmacht. Ein ‚fp' bei Mozart ist deutlicher und klarer, wenn man weiß, wie unendlich viele Arten von ‚fp' es in anderen Partituren geben kann – und wie schwierig diese auszuführen sind. Das hört sich so an, als ob es bloß Details wären, aber es ist doch die Beherrschung aller dieser Details, die das Dirigieren perfektioniert, aus denen sich also eine Interpretation erst zusammensetzen kann. Seit der Entstehung des Dirigentenberufs sind die Anforderungen in dieser Hinsicht immer größer, immer anspruchsvoller geworden, aber es ist dies auch die Herausforderung an den Interpreten. Es gehört zum Beruf des Dirigenten, mit dieser Herausforderung möglichst produktiv umzugehen. Und auch dies entsteht nicht von selbst, es will erarbeitet und erlernt sein.

VII Probe und Aufführung

VORBEREITUNG

Als junger Musiker am Anfang seiner Dirigentenlaufbahn fühlt man sich vor allem bei den ersten Begegnungen mit einem Orchester unsicher, selbst wenn man glaubt, die aufzuführenden Werke sehr gut studiert zu haben. Doch die Situation selbst fordert einen heraus. Die erwartungsvoll vor einem sitzenden Instrumentalisten haben zumeist das Werk, das auf dem Probenplan steht, bereits in unzähligen Aufführungen gespielt. Sie kennen es also in den Details, wenn auch vor allem den Details ihres Instruments, doch sie kennen es eben sehr gut. Sie sind einem überlegen, und das macht die Situation nicht einfach. Gerade daher sind mehrere Voraussetzungen zentral, und sie alle gründen in der souveränen Kenntnis der Partitur – und in der Vorstellung, die man von ihr entwickelt hat.

Probieren geht über studieren, heißt es, doch auch das Probieren selbst will studiert, will erlernt werden. Sogar dies gehört also zu den Techniken des Dirigierens, und es handelt sich dabei sogar um eine Technik eigener und schwieriger Art. Sie will daher erarbeitet werden wie alle anderen Techniken des Berufs auch. Es braucht einige Zeit, um sich eine effiziente, befriedigende Probentechnik anzueignen, es braucht Energie und Gespür, um sie zu beherrschen, sie konsequent durchzuführen und sie zu perfektionieren. Es ist, wie so oft, eine Frage der Erfahrung, worauf man bei der Probenarbeit besonderes Gewicht legen will oder legen muss – und worauf möglicherweise auch nicht. Ein Orchester ist ein komplizierter, vielschichtiger Organismus, auf den man sich einlassen muss. Denn erst gemeinsam kommt es ja zu dem, was dann die Aufführung ist und was sie ausmacht.

So liegt der erste Schritt darin, in der Probe, und natürlich schon in der allerersten Probe und so früh wie möglich, eine Beziehung zwischen dem Dirigenten und den Musikern aufzubauen. ‚Beziehung' ist keine Frage der Zuneigung, sondern des Respekts und des Willens, dem Werk in der Aufführung gemeinsam so gut gerecht zu werden wie nur möglich. Es gibt Orchester, wo einem das ganz leicht gelingt, wo also die ‚Chemie' schon nach wenigen Minuten stimmt, wo sofort ein oft unausgesprochenes Einvernehmen herrscht. Und selbstverständlich gibt es das Gegenteil, also den Umstand, dass das Verhältnis sich nicht recht entwickeln will, wo es also während der Probe bei einer kühlen Atmosphäre bleibt, wo es sogar zu Konflikten kommen kann. Orchestermusiker behaupten immer, sie wüssten schon nach fünf Minuten, ob der Dirigent sie gewinnen wird oder ob sie ihn auf Granit beißen lassen. Die Anekdoten sind Legion. Strauss berichtet über folgenden Ausspruch seines Vaters, der Hornist in der bayerischen Hofkapelle war:

> Ach, ihr Kapellmeister, bildet euch auf eure Machtstellung Wunder was ein! Wenn so ein neuer Mann das Orchester betritt – wie er aufs Pult steigt, die Partitur aufschlägt – bevor er noch den Taktstock in die Hand genommen hat, wissen wir schon, ob er der Herr ist oder wir![26]

Die Sache selbst ist deswegen so kompliziert, weil sehr unterschiedliche, in ihrer Gesamtheit kaum zu kalkulierende Faktoren zusammenkommen. Die irgendwie unerklärlichen Fragen der ‚Chemie' – auch zwischen Dirigenten und Orchester gibt es eine Liebe auf den ersten Blick oder das genaue Gegenteil – bilden nur den einen Aspekt. Er bleibt rätselhaft genug, kann es doch sogar nach Jahren oder sogar Jahrzehnten der einvernehmlichen Zusammenarbeit zu einem plötzlichen Bruch kommen. Hinzu tritt das Können, das ja relativ kalkulierbar ist. Dazwischen schiebt sich aber die Persönlichkeit, die Ausstrahlung, kurzum die ‚Aura' des Dirigenten. Sie verändert sich im Laufe der Tätigkeit. Als junger Mann kann man sich normalerweise nicht auf ‚Charisma' verlassen, es nützt auch nichts, dieses künstlich erzeugen zu wollen. So bleibt einem einfach nichts anderes als die unbestechliche Kenntnis des Werkes, der Partitur. Es ist die einzige (und einzig erfolgversprechende) Möglichkeit, in den Dialog mit einem Orchester zu treten und den Unsicherheiten der ersten Male etwas Entscheidendes entgegenzusetzen.

Der eigentliche Probenablauf allerdings ist das, was sich wirklich planen und üben lässt. Man kann ihn vorbereiten, und je genauer die Vorbereitung, desto besser behält man ihn unter Kontrolle. Es gibt dafür ein paar unbedingt zu beherzigende Regeln:

1. Wichtig ist es, die Partitur so gut studiert zu haben wie nur möglich, und zwar so gründlich, dass man in jedem Moment weiß, was man hören muss (und will) – und wann man, folglich, Details nicht oder zu ungenau hört. Hier stellt sich auch die Frage, ob das zu verwendende Orchestermaterial mit der eigenen Partiturausgabe übereinstimmt. In manchen Orchesterstimmen gibt es Fehler, die nicht zu hören einen jungen Dirigenten bereits viel, schlimmstenfalls alles seiner Autorität kostet. Es darf also hier keinerlei Nachlässigkeiten geben.

Generell ist es sehr hilfreich, sich mit dem Notenarchivar rechtzeitig in Verbindung zu setzen. Bei der gemeinsamen Vor-Kontrolle kann man die gröbsten Fehler beseitigen. Selbstverständlich erlaubt der Betrieb das nicht immer, schon gar nicht, wenn man als Gast in letzter Minute einspringt. Aber anzustreben ist diese Kooperation allemal. Gewiss, das Allerbeste ist es, mit eigenem Material anzureisen, aber diesen Luxus gönnt man vor allem jungen Dirigenten nicht selbstverständlich. Das eigene, erprobte Material stellt in Werken der Klassik kein so großes Problem dar, während es bei groß besetzten Werken nicht selten zum Kostenfaktor wird. Dennoch, es wäre erstrebenswert, eben weil man die Tücken des Materials kennt und bei der intensiven Vorbereitung darauf eingehen kann. Ich benutze zum Beispiel für Wagner grundsätzlich die von Carl Dahlhaus initiierte kritische Gesamtausgabe, die es einem zwar nicht immer einfach macht, die jedoch grundsätzlich andere Einsichten sowie die beste verfügbare philologische Grundlage bietet. Deswegen erachte ich sie für unerlässlich. Für alle Werke in Oper und Konzert von Mozart kommt für mich ausschließlich die Neue Mozartausgabe des Bärenreiter-Verlages infrage, die in wissenschaftlicher Zusammenarbeit mit der Stiftung Mozarteum in Salzburg erarbeitet wurde. Sie ist heute in der ganzen Welt fast lückenlos zu finden. In der Oper wird jedoch in vielen Häusern auch heute noch ganz anderes Material benutzt, schon deswegen ist es für mich erforderlich, die eigenen Stimmen bereitzuhalten.

2. Eine Probe will skizziert, sie will im äußeren Ablauf möglichst genau organisiert sein. Das klingt trivial, ist es aber ganz und gar nicht (und die Zahl berühmter Dirigenten mit Schwierigkeiten in dieser Planung ist legendär). Die Zuverlässigkeit der Zeiteinteilung entscheidet sich an der Durcharbeitung der

Partitur. Die Angst, nicht in der zur Verfügung stehenden Probenzeit ‚fertig' zu werden, gehört am Anfang einer Karriere zu den häufigsten Ursachen für Hektik und mangelnde Konzentration. Man muss z. B. klar erkennen, ob ein kompliziertes Hauptwerk des Konzerts dem Orchester bekannt ist oder ob es in den Proben mehr Zeit erfordert als etwa ein gleich langes Werk des übrigen Programms. Ein spezielles Problem besteht auf Gastspielreisen in der Tatsache, dass Fluggepäck oft verspätet ankommt oder überhaupt verloren geht. Deshalb gebe ich meine mit vielen Einzeichnungen versehenen Partituren grundsätzlich nicht aus der Hand, was wegen des Gewichts mehrbändiger großer Opernpartituren im Handgepäck Komplikationen verursachen kann. Auch das gehört aber zum Beruf und zu den damit verbundenen Planungen. Um nun das Beispiel eines Konzertes zu nehmen: Die Zahl der Proben ist in aller Regel vorgeschrieben, sie ist eng und unwiderruflich begrenzt; Proben sind anstrengend und teuer. Bei mehreren Werken muss man also genau wissen, wie viel Zeit man für jedes Werk benötigen wird. Das sollte man im Vorhinein auch bekanntgeben, denn die Aufstellungs- und Besetzungsänderungen wollen ebenso rechtzeitig geplant sein. Man sollte also möglichst genau wissen, wie man die zur Verfügung stehende Zeit zur Arbeit nutzt, und zwar bis in die Details. Es ist nicht nur eine Frage des Respekts vor den Musikern, wenn man sie nicht unnötig warten lässt. Es ist auch eine Frage des Bewusstseins und der Bestimmtheit, wenn man exakt weiß, was man wie und in welcher Zeit einfordern und erreichen kann. Die Fähigkeit, das zu kalkulieren, ist wiederum ausschließlich durch Erfahrung zu erwerben und sie kommt letztlich der Aufführung insgesamt zugute.

Übrigens handhabe ich dies auch bei Opernproduktionen so, dass ich deren Probenablauf möglichst minutiös plane. Ich entwerfe ein recht genaues Raster, wie lang ein Akt dauert – und welche Passagen in welchem Zeitraum zu probieren sind. Das macht Proben nicht einfach nur effizient, sondern die Arbeit insgesamt ebenso konzentriert wie entspannt, da es den chaotischen Zeitdruck nicht oder nur in Ausnahmefällen erzeugt. Ich habe selten Probleme mit Probenzeiten gehabt, aber der Umstand der Zeitgenauigkeit entsteht nicht einfach so, es verdankt sich nicht dem Gefühl oder dem Instinkt, er ist das Resultat einer ziemlich aufwendigen Planung. Sie lohnt sich aber unbedingt.

3. Ein Dirigent muss dem Orchester seine Vorstellungen darlegen und vermitteln können. Das tut er in den Proben durch seine Zeichengebung, aber auch verbal. Und dennoch ist es so wichtig, in den Proben nicht zu viel zu sprechen. Wir haben Arme, Hände und Augen, um uns mitzuteilen, und dies unterbricht den Fluss der Musik eben nicht. Musiker hassen es in aller Regel, wenn Dirigenten beginnen, die Probenzeit mit längeren, wortreichen Erklärungen zu verschwenden. Das ist in der Regel zwar scheinbar entspannend, aber nicht wirklich hilfreich, weil es das klangliche Ergebnis nur selten tatsächlich verändert. Sergiu Celibidache war geradezu gefürchtet, während der Proben minutenlange Vorträge zu extemporieren. Ich weiß, dass er dabei von Musikern unterbrochen werden konnte mit der Frage: „Können wir nicht mal wieder spielen?“ Die Instrumentalisten kommen ja ihrerseits bestens vorbereitet in eine Probe, sie haben ihre Stimmen gründlich studiert, kennen deren Tücken – wissen also selbst schon recht gut, worauf es ankommt. Eine Probe ist keine Vorlesung und kein Seminar, sondern der Versuch, der Partitur in ihrer Gesamtheit überzeugende und klingende Gestalt zu geben. Und hier bedarf es einer genauen Abwägung, wo verbale und wo gesti-

sche Hinweise nötig sind – und wann und wie verbale Hinweise über das Technische hinausgehen müssen.

Es war und ist für mich immer hilfreich, das Orchester zunächst einige Minuten spielen zu lassen. Damit kommt die Musik in Gang, und sie bekommt erste Konturen und erkennbare Gestalt. Kurze Anweisungen kann man stets auch dazwischenrufen, es sind in der Regel ja einfache Details. Dann aber sollte eine ‚Korrekturphase' folgen, in der alles das angesprochen und korrigiert wird, was einem während des Spiels als verbesserungswürdig aufgefallen war. Man muss dabei verschiedene Qualitäten unterscheiden können. Es geht darum, augenblicklich zu erkennen, was nur eine Unzulänglichkeit ist, die nicht der Rede wert ist und die sich fast von selbst beim nächsten Durchspielen korrigiert, und wo es um grundsätzliche, entscheidende Fragen geht, seien diese nun technischer oder interpretatorischer Natur. Hier erwarten Musiker, mit allem Recht, dass man in der Lage ist, diese technischen Hinweise präzise zu vermitteln. Das erfordert ein gutes Gedächtnis und gute Konzentration. Zudem zahlt sich dabei die genaue Kenntnis der Beschaffenheit der Instrumente aus. Man muss nicht alle diese Instrumente selbst möglichst perfekt beherrschen, man muss sie aber in ihrem Funktionieren kennen. Zu vieles Sprechen, zu weitschweifiges Erläutern hingegen hat Verunsicherung zur Folge. Die Konzentration lässt nach, die Musiker hören einem nicht mehr zu – und es bricht kontraproduktive Unruhe aus.

4. Es ist sehr wichtig, nur solche Stellen zu wiederholen, die, aus welchen Gründen auch immer, tatsächlich nicht in Ordnung waren. Nun gibt es notorisch ‚schwierige' Stellen, etwa der Beginn des *Presto* aus Beethovens dritter *Leonoren-Ouvertüre*. Hier weiß man im Vorfeld bereits, dass es Probleme

geben wird, das ist keine große Kunst. Am Ende bleiben solche Stellen aber die Ausnahme, in den meisten Fällen entscheidet der konkrete Ablauf darüber, was sich als ‚schwierig' erweist und was nicht. Viele junge Kollegen, die als Assistenten den Proben arrivierter Dirigenten zugehört haben, notieren sich sorgfältig, wo in einem Stück unterbrochen wurde, wo also vermeintlich heikle Stellen liegen. Sie kommen dann, wenn sie selbständig arbeiten, genau mit diesem Wissen in ihre eigenen Proben, mit dem Vorsatz, exakt dieselben Stellen ausführlich zu erarbeiten. Doch dann treten dort die erwarteten Schwierigkeiten gar nicht auf, und so sind sie die Blamierten, nicht das Orchester. Was heißt: In vielen Fällen lässt sich gerade dies nicht planen, es entscheidet sich im Einzelfall. Und hierfür muss man genau zuhören – und genaue Fehlerdiagnose betreiben, also mitteilen können, woran es liegt. Umso wichtiger ist dann das Zeitraster.

UNWÄGBARKEITEN

Man kann noch so genau vorbereiten, die Proben, aber auch der Abend sind vor Unwägbarkeiten aller Art nicht geschützt. Es gehört zur Professionalität vor allem des Dirigenten, darauf knapp zu reagieren. Entscheidend ist bei allen Dirigierbewegungen, dass sie etwas aussagen. Alle Gesten sind bedeutungsvoll, sie sollen auch bedeutungsvoll sein. Nichts ist leichter als die gestische Reproduktion vermeintlicher Gefühle, als beschwörende Expressivität, doch darauf kommt es beim Dirigieren eben nicht an. Gesten sollten sparsam und eindeutig sein, damit sie diese Bedeutung nicht verlieren – und damit gerade in ‚Notfällen' klar ist, was sie besagen sollen. Vor Schmissen ist niemand geschützt, selbst so souveräne Kapellmeister wie Horst Stein oder Wolfgang Sawallisch waren davor nicht gefeit. Es gibt natürlich verschiedene Kategorien, von verpatzten Einsätzen bis zu kleineren Unglücksfällen, die im schlimmsten Fall dazu führen, eine Aufführung unterbrechen zu müssen. Aber man muss darauf gefasst sein, man muss gewappnet sein, mit einer solchen Situation umzugehen, denn Gedeih und Verderb einer Aufführung hängt nun einmal am Dirigenten.

Zu den abendlichen Unwägbarkeiten gehört immer auch die Akustik, vor allem in einem Saal, den man nicht so gut kennt. Ist er vollbesetzt, kann sich vieles ändern, was in der Probe noch nicht auffällig war. Darauf muss man spontan reagieren können. Zu den abendlichen Qualen gehören die Störungen durch Huster und Mobiltelefone, die immer ungelegen kommen, sich aber manchmal geradezu verheerend auswirken. Da nützen alle inständigen Bitten und Warnungen vor den Konzerten nichts. Wand hat einmal nach einem Huster mitten in den Beginn der *Unvollendeten* sogar abgebrochen; Karajan ließ einmal demonstrativ vor dem Konzert Hustenbonbons verteilen, heute stehen sie oft in den Sälen kostenlos zur Verfügung. Es ändert sich jedoch nicht viel, und in jedem Fall darf die Aufführung nicht leiden. Normalerweise geht es dann nicht so lustig zu wie bei dem, was Carlos Kleiber einmal in einer Probe passiert ist. Mittendrin meldet sich ein Handy, und er schimpft furchtbar darüber, auch, dass es nicht aufhört – bis er merkt, dass es sich um sein eigenes handelt. Es gehört jedoch zur Professionalität, mit Störungen aller Art umgehen zu können. Gerade weil an einer Orchesteraufführung sehr viele Menschen beteiligt sind, ist die Souveränität des Dirigenten dabei umso wichtiger. Eine Unterbrechung ist auch deswegen der schlimmste Fall, weil es unendlich schwierig ist, die Konzentration wirklich wieder herzustellen. Mit der nötigen Autorität und sachbezogenen Probenarbeit kann einem das aber gelingen.

REGIE

Zu den Unwägbarkeiten von Opernaufführungen gehört inzwischen sehr oft die Regie, weil sie nicht selten die Musik behindert. Die Fälle, in denen eine Opernregie aus der Musik entwickelt ist und von der Musik her gedacht ist, bilden inzwischen eine verschwindend geringe Ausnahme. Das ist bedauerlich, weil in der öffentlichen Berichterstattung fast alles Augenmerk auf die Szene gerichtet ist, während das Musikalische oft nur unzureichend und am Rand Erwähnung findet. Die Zusammenarbeit mit Regisseuren ist nicht immer leicht, auch bei Wiederaufnahmen hat man es zuweilen mit kaum vorstellbaren Problemen zu tun. Ich habe selbst erlebt, dass aus Reclam-Heften mit Übersetzungen ohne jegliche Partiturkenntnis gearbeitet worden ist. Das ist nicht nur respektlos gegenüber der Partitur, sondern auch gegenüber denjenigen, die eine Aufführung tragen, also vor allem gegenüber den Sängern. Nicht selten gefallen sich Operninszenierungen heute darin, ungewöhnliche Bilder, vermeintlich schockierende Szenen oder möglichst kontraproduktive Erzählweisen zu entfalten. Das widerspricht aber der Intention des Kunstwerks Oper, und es bedeutet für Sänger und Dirigenten nicht selten unzumutbare Herausforderungen. Ich habe 2013 in Budapest einen *Fliegenden Holländer* übernommen, bei dem von der Geschichte nichts mehr übrig geblieben war – und mich gefragt, warum. Nachdem die Wiederaufnahme einer sehr umstrittenen Berliner *Idomeneo*-Produktion (in der Regie von Hans Neuenfels) fast zu scheitern drohte, weil der vorgesehene Dirigent wegen drohender Tumulte abgesagt hatte, habe ich mich in letzter Sekunde dazu bereit erklärt – am Ende dann doch fassungslos darüber, was dem großartigen Werk und auch den Sängern auf der Bühne angetan wurde. Unter den damals gegebenen Bedingungen war es für alle Mitwirkenden so gut wie unmöglich, ihr Bestes zu geben.

Das Problem der Regie ist ein endloses Thema, weil das szenische Durcheinander inzwischen an allen Häusern fast ausnahmslos gegenwärtig ist. Der Konkurrenzdruck unter den Sängern ist groß, die meisten haben keinen Mut, sich szenischen Zumutungen zu verweigern. Ich erinnere mich nur an seltene Fälle, etwa einen *Lohengrin*, bei dem die Sängerin der Elsa sich den statuarisch-schematischen Figurenarrangements Robert Wilsons einfach verweigert hat und mitten in der Probe abgereist ist. Für Dirigenten ist diese Konstellation eine nicht enden wollende Herausforderung, weil es in der Probenarbeit in aller Regel darum geht, das Schlimmste zu verhindern und die Geltung der Musik zu retten. Ich erinnere mich der Zusammenarbeit mit Jean-Pierre Ponnelle, Götz Friedrich oder Michael Hampe, bei der dies immer ganz anders war. Im Jahr 1984 habe ich bei den Salzburger Festspielen *Jephta* von Händel szenisch aufgeführt, mit dem unvergessenen Werner Hollweg. Die Regie lag in den Händen des ebenfalls unvergessenen Federik Mirdita. Wie sorgfältig hatte er in diesem nicht unheiklen Versuch die Szene aus der Partitur entwickelt, wie suggestiv und für alle bewegend war das Ergebnis. Doch bilden solche Erfahrungen inzwischen eine seltene Ausnahme.

Im Jahr 2004 habe ich die musikalische Leitung des eigentlich von Günther Schneider-Siemssen initiierten Wagner-Festivals in Wels übernommen. Diese Festspiele, die nach 2015 aus finanziellen Gründen nicht mehr weitergeführt werden konnten, wurden ausschließlich privat finanziert, durch den

Sponsor Walter Just. Das Festival sollte in jeder Weise ein Gegengewicht zum herrschenden Betrieb sein, und das unter den abenteuerlichen Bedingungen des kleinen Saals, der kleinen Bühne, der fehlenden Infrastruktur. Gemeinsam mit dem Regisseur Herbert Adler und herausragenden Wagner-Sängern ging es jedoch darum, die Aufführungen genauestens aus der Partitur heraus zu entwickeln. Mit Hilfe aufwendiger digitaler Projektionen und einfacher, aber sehr eindrucksvoller Bühnenbilder von Dietmar Solt konnten erstaunliche, suggestive Bühneneffekte erzeugt werden, doch bildeten sie eben nur die Oberfläche. Im Zentrum stand stets der Versuch, nicht nur Wagners Szenenanweisungen so ernst wie nur möglich zu nehmen, sondern das gesamte Bühnengeschehen gewissermaßen aus der Partitur heraus zu entwickeln. Nie ist es dabei zu Konflikten über Machbarkeiten gekommen, nie hat Adler auf etwas bestanden, was für die Sänger unmöglich oder für mich nicht zu leisten war. Es kam immer darauf an, die Geltungskraft der schwierigen Werke nicht zu beeinträchtigen. Herbert Adler pflegt zu sagen, die Sänger sind nicht die Marionetten des Regisseurs, sondern dieser ist dazu da, das, was sie mitbringen, zur Geltung zu bringen, in ein Konzept zu fügen – und dabei der Partitur zu dienen.

Der Erfolg hat uns recht gegeben. Die Aufführungen waren stets ausverkauft, und die meisten Besucher haben lange Wege zurückgelegt, *Den Fliegenden Holländer*, *Tannhäuser*, *Lohengrin*, *Parsifal* – um immer wieder *Tristan* zu erleben. Unvergessen ist, wie der Regisseur Herbert Adler aus dem Beginn des dritten *Tristan*-Aktes ein dramatisches Kammerspiel gemacht hat, mit so großartigen Sänger-Darstellern wie Stig Andersen und Michael Kupfer-Radecky. Die Arbeit mit dem Orchester und zwischen Sängern und Graben ist durch so etwas auf eine ganz neue Ebene gestellt worden.

Da das Festival von privater finanzieller Zuwendung getragen war, musste es schließlich aufgeben, unter dem großen Bedauern aller Beteiligten. Dennoch war, anders, als es oft behauptet worden ist, die Ästhetik von ‚Wels' keineswegs rückwärtsgewandt, sondern von höchster Verantwortung getragen. Um nicht falsch verstanden zu werden, ich will nicht einem verzopften Wagnerstil mit gehörnten Helden in Kettenhemden und eisernen Rüstungen das Wort reden, denn davon steht bei Wagner selbst kein Wort. Mir geht es vielmehr darum, den wahren Geist eines Werkes zusammen mit der Musik in der Szene deutlich zu machen. Die Regie als Unwägbarkeit einer Aufführung sollte abgeschafft werden, vielmehr sollte sie wieder bei dem ankommen, was sie eigentlich bewirken soll, nämlich dem Werk, der Partitur zur wirksamen Geltung zu verhelfen. Die Sänger haben dies übrigens sehr genossen, weil es für sie nicht äußerlich, aber innerlich geradezu ideale Bedingungen waren, um so anspruchsvolle Partien wie die des Gurnemanz, des Tannhäuser oder der Isolde angemessen auf die Bühne zu bringen. Bei alledem, was wir dort also getan haben, fühlten wir uns der Unerreichbarkeit einer idealen Aufführung verpflichtet – und sind davon überzeugt, dass es sich dabei nicht um Operntheater von gestern, sondern von morgen handelt.

Der berühmte Opernregisseur Rudolf Hartmann schrieb schon 1977 in seinen „persönlichen Anmerkungen zu einem brennenden Thema":

> Niemand, der sich beruflich mit Werkinterpretation zu befassen hat, wird es für wünschenswert halten, unseren Bühnen musealen Charakter im Sinne lebloser Erstarrung zu geben. Das Theater hat immer mit der es umgebenden Zeit geatmet und gelebt und seine ausstrahlende

Kraft aus den temporären Einflüssen gesogen. Aber zwischen organisch gewachsenen Mutationen und herostratischen brutalen Werkveränderungen klafft ein gewaltiger Unterschied.

Merkwürdig, ja eigentlich naiv berührt die Tatsache, dass bei allen bislang geschehenen Verzerrungen auf der Szene die Musik unangetastet in originaler Form erhalten blieb. Man fragt sich angstvoll: wie lange noch? Denn die Diskrepanz des musikalischen Elements zur Darbietung auf der Bühne wird eines Tages auch den emsigen Werkverbesserern auffallen, und dann kann die drohende Katastrophe sich rasch vollenden …

Es bleibt zu hoffen, dass es befähigte Regisseure der jüngeren Generation geben wird, die den Mut haben werden, den Werken der Musikbühne ihre wahre Gestalt zurückzugeben und sie so zu interpretieren, wie deren Autoren es sich gedacht haben. Das ist viel schwieriger als unkontrolliertes szenisches Fabulieren – schwieriger, aber bitter notwendig.[27]

VIII Belcanto und Verdi

ITALIENISCHE TRADITIONEN

Für jeden Dirigenten stellt die italienische Tradition, die des Belcanto, eine ganz besondere Aufgabe dar – spielt doch nur dort die Vokalmusik eine alles beherrschende Rolle. Das Gesangliche ist auch für jene Komponisten eine Richtgröße geblieben, die hauptsächlich Instrumentalmusik geschrieben haben. Folglich gehört die elementare Vertrautheit mit der Belcanto-Tradition zu den notwendigen Voraussetzungen. Die Beherrschung des Belcanto ist für Dirigenten keine Beiläufigkeit oder kein Spezialistentum, sondern von grundlegender Bedeutung – selbst, wenn es später dann, im Opernalltag, tatsächlich Belcanto-Spezialisten geben mag (oder aber solche, die der italienischen Oper eher fernstehen). Wer die Entstehung der Oper von der reinen Belcanto-Oper bei Bellini über den vor allem harmonisch sehr viel komplexeren Typus bei Donizetti bis zur symbiotischen Verbindung aller Elemente bei Verdi verfolgt, der wird nicht nur Abhängigkeiten entdecken – sondern auch den Umstand, dass die Verpflichtung auf den Gesang in diesem gesamten Prozess nie infrage stand. Die Praxis der Abbellimenti, wie Toscanini das nannte, also der virtuosen Auszierungen von Vokallinien, diente nicht nur der Darstellung stimmlicher Virtuosität, sondern auch und vor allem der Hervorhebung dieses Vokalen. Das ‚Aussingen' ist eine wesentliche Technik, und natürlich soll sie die sängerische Virtuosität demonstrieren, mit allen Gefährdungen, die die Eitelkeiten der Gesangsstars nun einmal mit sich bringen können. Wir bestaunen in Bellinis Opern gerne die herrlichen Gesangslinien, doch meinen wird damit auch die Auszierungen; die Attraktivität liegt folglich gerade in den Abbellimenti. Die Sänger lassen die oft karge Orchestersprache dadurch vergessen, dass sie die Gesangsmelodie mit zahllosen Erweiterungen, Kadenzen und anderen Gestaltungsmitteln bereichern. Schon in den Barockarien, wo das Da Capo selbstverständlich ausgeziert werden musste, spielt dies eine große Rolle, und es bleibt dann zumindest bis zu Verdi eine gewisse Tradition.

Dennoch, heutzutage wird, zumindest in der Musik des 19. Jahrhunderts, oft maßlos übertrieben. Gesangslehrer, die aus Italien kommen und vor allem in den Vereinigten Staaten unterrichten, bringen ihren Schülern nicht selten ein ganzes Arsenal von Fiorituren, eine Fülle von Trillern und Kadenzen bei. Sie erklären dies zum Bestandteil der italienischen Tradition, während es doch im Grunde damit gar nichts zu tun hat und zumeist sogar ganz geschmacklos ist. Auch virtuose Arien sind keine artistischen Zirkusnummern. Die Dirigenten haben dann die unangenehme Aufgabe, den jungen (und zumeist ja sehr guten) Sängern die Auswüchse dieses falsch verstandenen Virtuosentums in zumeist mühevollen und konfliktreichen Proben wieder abzugewöhnen. Es geht auch in der italienischen Oper vor Verdi stets um Charaktere und nicht um vordergründige selbstgefällige Stimmsensationen; es geht also um Dramatik. Der Dirigent ist derjenige, der dies zu korrigieren hat, um die Ansprüche des Dramas, des Werkes und der Partitur zu wahren.

Die Auseinandersetzung mit dem italienischen Repertoire ist bereichernd, bedeutet sie doch die sichere Aneignung einer ganz vom Vokalen her gedachten Musik. Und diese Musik ist gedacht, kalkuliert, nicht einfach bloß gefühlt. Für das Zusammenspiel von Sängern und Instrumentalisten ist dies von allergrößter Bedeutung, geht es doch bei Atmung, Phrasierung, Artikulation und anderen Dingen um einen ‚Gleichklang'. Die Opern der italienischen Belcanto-Tradition verfügen zudem über eine sehr eigene Dramaturgie, die es zu ergründen und umzusetzen gilt. Die oft aufgestellte Behauptung, die Werke seien dramaturgisch schwierig oder gar mangelhaft, ist falsch. Nur weil uns manches daran ‚historisch' erscheint, wirkt es zuweilen (und vordergründig) fremder. Das Zerfallen in Nummern darf keinesfalls zum Zerfallen des Abends in Einzelteile führen, damit wäre das Wesen der Werke verfehlt. Und deswegen ist das Gesangliche kein Selbstzweck, sondern Mittel zum Zweck. Von wirklich großen Sängern kann man dabei stets viel lernen. Mein Debüt an der Metropolitan Opera gab ich mit *L'Elisir d'amore*, mit Carlo Bergonzi, dem berühmten Belcanto-Stilisten als Nemorino. Wenn jemand so diese Tradition verkörpert wie er, dann ist dies für jedes musikalische Detail von Wichtigkeit. Für Rossinis *Tancredi* in Aix-en-Provence hatte ich in Marilyn Horne und Katia Ricciarelli gar eine Art von Traumbesetzung zur Verfügung. Mit deren Hilfe rückt man dem Kern, dem Wesen der Werke näher – und von einem Dirigenten wird mit Recht eine enge, zuweilen symbiotische Zusammenarbeit mit den Sängern erwartet. Das Ergebnis lässt dann die Opern in einem Licht erscheinen, das sie auch für heutige Ohren verständlich macht.

DONIZETTI

Ich habe mich stets für das Werk von Gaetano Donizetti begeistert und auch insgesamt neun seiner Opern dirigiert, an vielen großen und unterschiedlichen Häusern. Ich halte Donizettis

Werke nach wie vor für einen dirigentischen Prüfstein. Mich hat daran immer fasziniert, dass er die Orchestersprache im Vergleich zu Bellini vor allem im Harmonischen weit ausdifferenziert, doch dabei nie auf das Gesangliche verzichtet hat und auch nicht verzichten wollte. Das allerdings ist etwas Neuartiges, vielleicht sogar Revolutionäres: die Verbindung einer ambitionierten Orchestertechnik mit den Ansprüchen des Gesanglichen, mit den Erfordernissen des Belcanto. (Nicht zuletzt spielt gerade dies auch bei Wagner eine große Rolle, und erst in den ideologischen Fallstricken der Bayreuther Rezeption ist dies fälschlicherweise in den Hintergrund geraten.) Das aber ist eine besondere Herausforderung, für die Sänger, die sich auf eine zuvor ungekannte Weise auf das Orchester einlassen müssen, und für den Dirigenten, der dies verwirklichen und koordinieren muss. Die Anforderungen können dabei erheblich sein, wie etwa in der Wahnsinnsarie der Lucia, in der die Engführung von Stimme (Sopran) und Solo-Instrument (Flöte) vor dem Hintergrund des Orchesters diese Haltung geradezu beispielhaft verwirklicht.

Donizetti wählte im Grunde ähnliche Opernstoffe wie der junge Verdi, und sein früher Tod macht es nicht leicht, zu sagen, wohin diese eigenartige Parallele hätte führen können. Er hat sogar mit demselben Librettisten wie Verdi zusammengearbeitet, mit Salvatore Cammarano. Donizetti vertonte von ihm *Lucia di Lammermoor*, und danach noch sechs weitere Texte, darunter auch *Roberto Devereux*. Für Verdi waren es u. a. *Luisa Miller* und *Il trovatore*. Ich habe u. a. *Lucia di Lammermoor* in Zürich und München dirigiert und *Roberto Devereux* und *Anna Bolena* in Wien, dazu zahlreiche weitere Opern in Bonn, Berlin und Frankfurt. Man rechnet die Stoffe allzu leicht der ‚Schauerromantik' zu, weswegen manchen diese Libretti minderwertig und nicht ganz logisch erscheinen.

Das Gegenteil ist der Fall. Als ich anfing, mich damit auseinanderzusetzen, wurden diese Werke noch auf Deutsch (in schrecklichen, pseudo-poetischen und gesanglich unbefriedigenden Übersetzungen) aufgeführt – was es nicht leichter gemacht hat. Heute sind dagegen die italienischen Originale selbstverständlich. Ich habe als junger Chefdirigent in Bonn im Auftrag des Verlags Ricordi von *Roberto Devereux* eine deutsche Fassung erarbeitet, wobei die Schwierigkeit bestand, dass Cammaranos pseudo-poetische Texte selbst für unseren italienischen Ballettmeister kaum verständlich waren. Allerdings hat er mich mit seiner Begeisterung für Donizetti für diesen Komponisten gewonnen. Und damit habe ich angefangen, mich für die Eigenart seiner Werke zu interessieren. Es liegt ihnen eine sehr genaue, sehr klare Dramaturgie zugrunde. Ein Dirigent muss diese Dramaturgie freilegen, sie verstehen – und sie herausarbeiten, möglichst in einer Szene, in der dasselbe Ziel leitend ist. Verdis *Trovatore* zum Beispiel gilt oft als szenisches Durcheinander, als ein missglückter Text Cammaranos mit einem undurchschaubaren Plot und ohne dramaturgische Idee. Die Mär von der mangelnden Logik dieses Werkes stammt aus der Biographie des berühmten Tenors Leo Slezak, der behauptete, er hätte den *Trovatore* unzählige Male gesungen, den Inhalt des Werkes aber nie begriffen. Hätte er die Erzählung des Ferrando am Anfang der Oper nur einmal bewusst angehört, anstatt bis zu seinem Auftritt in der Garderobe oder in der Kantine zu sitzen, hätte auch er verstanden, worum es in diesem Stück geht. Studiert man hingegen die Partitur ausführlich, so zeigt sich die völlige Klarheit der szenischen Abfolge, eine geradezu zwingende Notwendigkeit. Das liegt aber daran, dass diese Dramaturgie nicht ‚für sich' funktioniert, sondern im Blick auf die Musik geschrieben wurde und ihre Wirkung erst aus dieser Doppelung zwischen Dichtung und Musik entfaltet. Genau dies wusste aber ein Dichter wie Cammarano, als er für seine Komponisten schrieb. Die Leute verstehen das Stück oft nicht, weil sie erstens nicht genug Italienisch verstehen und sich außerdem nicht auf diese besondere Dramaturgie mit ihren rasch wechselnden Kontrasten einlassen – oder aber durch Inszenierungen, die dieser Dramaturgie zuwiderlaufen, davon abgehalten werden. Es ist demnach die Aufgabe des Dirigenten, diese musikalisch-poetische Doppelstruktur freizulegen, sie zum Klingen zu bringen und damit die große Klarheit der szenisch-dramaturgischen Architektur deutlich zu machen. Das Argument des zeitlichen Abstands gilt dabei nicht, es würde auch für Mozart, Monteverdi, Schönberg oder Wagner gelten.

Vor diesem Hintergrund wird auch erkennbar, warum Donizetti diese wundervoll dramatisch gestalteten Gesangsnummern entwickelt hat, diese prägnanten und kunstvollen Ensembles. Sie stehen nicht für sich, sondern sind Teil der Gesamtdramaturgie und enthalten nur darin ihren Sinn. Dazu gehört auch der Umstand, dass die Musik der Belcanto-Tradition bestimmten formalen Regeln unterliegt, die wir oft als stereotyp empfinden. Das sind sie aber nur, wenn wir nicht verstehen, dass die variantenreiche Erfüllung dieser Normen ebenso wichtig ist wie das Gesamtgefüge der damit verbundenen ‚Nummern'. Im Belcanto gelten eigene Gesetzmäßigkeiten für die Gestaltung von Gesangsphrasen. Das Tempo sollte nach der ersten Periode (meist nach 8 Takten) in Ausdruck und Tempo gesteigert werden und schließlich für den Schluss eines Abschnitts der Arie wieder zurückgenommen werden. Eine Arie oder ein Duett beginnt normalerweise mit einer instrumentalen Einleitung, aber nur von wenigen Takten, hier wird die Atmosphäre präzise festgelegt, dann folgt ein eher getragener erster Gesangsteil, die Cavatina, dann ein zweiter, bewegterer, an den sich, als

Höhepunkt, eine Cabaletta anschließt – bei der auch das Orchester feurig sowie rhythmisch akzentuiert eingesetzt wird. Dieser Rahmen ist im Grunde unangetastet geblieben, und zwar nicht, weil man ihn nicht antasten konnte, sondern weil man es nicht wollte.

Donizettis musikalisches Drama entsteht aus der klugen, genau disponierten Abfolge dieser Szenen, aus einer subtilen Logik additiver Kontraste. Der Dirigent muss diese Logik erkennen, er muss sie erspüren – und daraus ein Konzept für die gesamte Oper entwickeln. Die Relation der einzelnen Bestandteile untereinander ist dabei ebenso wichtig wie die Relation der einzelnen Nummern, bis hin zu Tempo, Klangfarbe oder Kadenzen. Alles dies sollte jedoch nicht vergessen lassen, dass der Gesang stete Richtschnur bleibt, dass von ihm her alles gedacht ist, dass er die Bezugsgröße ist. Nichts ist schrecklicher als eine Aufführung des *Roberto Devereux*, in der dies alles in artistische Einzelnummern auseinanderfällt – das wird der Musik nicht gerecht. Deswegen braucht man für Donizetti nicht nur herausragende Sängern, sondern auch herausragende Dirigenten.

Es ist immer ein Gewinn, wichtige Werke des Repertoires kennenzulernen. Bei Donizetti aber geht es um mehr. Man lernt Grundmechanismen einer grundlegenden musikalischen Dramaturgie, weit über die einzelne Partitur, ja sogar über das gesamte Genre hinaus. Sagen wir einmal, eine Arie beginnt getragen mit einer Oboenmelodie, dann folgt eine lyrische Cavatina, danach der raschere Teil und schließlich eine furiose Cabaletta. Das ist ebenso typisch wie hochgradig individuell, und es ist Aufgabe eines Dirigenten, im Typischen das dramaturgisch Besondere zu finden, es freizulegen – und es musikalisch umzusetzen. Das ist natürlich etwas anderes als bei einer Oper, die vom Sinfonischen her gedacht ist, aber ein

Dirigent sollte beide Arten, so gut es geht, beherrschen, es wird in der Folge das eine immer das andere beeinflussen und bereichern.

VERDI

Mit Verdi verändert sich dann alles, und zwar grundlegend und eigenartig. Bis zu *La Traviata* finden wir auch bei ihm ein Denken vom Belcanto her, den Versuch, diese Konvention nicht zu durchbrechen, sondern sie mit Binnenspannung zu füllen. Doch schon der junge Verdi hat sie immer dann infrage gestellt und schließlich verlassen, wenn der dramatische Konflikt in der Musik übermächtig wurde. Damit ändert sich das musikalische Drama grundlegend, und es ist dieser Aspekt, der mich stets besonders fasziniert. Die Spannung zwischen den festen Normen und dem Durchbrechen funktioniert nur dann, wenn die Normen im Prinzip noch in Kraft sind. Das hat sich der Dirigent stets zu vergegenwärtigen. Erklärlich, auch für einen selbst, wird dieses Binnengefüge aber nur, wenn man Bellini und Donizetti genau kennt, wenn man Werke dieser Komponisten wirklich zu dirigieren gelernt hat. Die Harmonien Donizettis wurden von Verdi im Laufe der frühen Jahre aufgegriffen und dann, während seines langen kompositorischen Lebens, fortwährend weiterentwickelt. Bei ihm begegnet man einer Psychologisierung der Partitur, die nun in der Tat vom Dirigenten eine hohe Sensibilität erfordert. Die Verdichtung des Orchestersatzes, das Experimentieren mit Farben und mit Schattierungen bedeutet eine fortwährende Herausforderung. Wenn Mozart in klischeehaften Begleitfiguren im Orchester die Bewegungsabläufe auf der Szene vorzeichnet, so schildert Verdi psychologische Situati-

Notenbeispiel 10
Verdi *Otello*, Beginn 3. Akt.
Man beachte hier die in den Bratschen ausgedrückte Nervosität und gleichzeitig in den Celli die „Schlangenlinie" der Intrige.

onen und Befindlichkeiten handelnder Figuren. Ein kleines Beispiel: Im Vorspiel des 3. Aktes seines Otello hört man einerseits Jagos Nervosität in den raschen Bratschenfiguren und gleichzeitig Jagos Bösartigkeit in dem schlangenartigen Kriechen der langsamen Cello-Linie.

Und doch ist und bleibt es trotz der fortwährenden Tendenz, im Orchester Charaktere und Stimmungen zu zeichnen, stets die Singstimme, der das eigentlich Dramatische vorbehalten bleibt.

Schon in der allerersten Verdi-Biographie von Gino Mainaldi, deren erste Auflage noch zu Lebzeiten des Komponisten erschien, vermerkte der Verfasser:

> Kein anderer Komponist verfügte in der Tat über ein musikalisches Temperament, das geeigneter gewesen wäre, die Forderungen, die das Volk damals ans Theater stellte, zu befriedigen. Rossini, Bellini, Donizetti hatten während einer langen Periode dem italienischen Publikum eine blühende, elegante, gefühlvolle Musik geschenkt, getragen von sanften, eingängigen, reich fließenden Melodien. Verdi dagegen gab etwas ganz anderes: Er gab schwungvolle, ungestüme, fiebernde, hochdramatische Musik. Die unerwartbare Neuheit der Gattung erregte augenblicklich die Einbildungskraft des Volkes, das sich widerstandslos tragen ließ von der überschäumenden, sturmgetriebenen Woge der Verdischen Phantasie.[28]

Gerade daraus resultiert aber die einzigartige Sonderstellung Verdis. Kein anderer Komponist hat einerseits so vollendet für Singstimmen komponiert wie er, doch andererseits hat niemand sonst das stets gewahrte Belcanto so in den Dienst des Dramas, des wahrhaftigen Dramas gestellt wie er. Immerhin, diese Opern treffen bis heute den Nerv des Publikums und sind kein bisschen gealtert, obwohl sich die formalen, technischen und sozialen Voraussetzungen so grundlegend verändert haben. Sein künstlerisches Ziel war es also, die Forderung nach Gesanglichkeit und jene nach Dramatik miteinander zu versöhnen und in einem spannungsvollen Einklang zu halten, also gewissermaßen das Leben auf der Bühne zu zeigen. Seine Partituren lassen sich daher als Herausforderung verstehen, nicht nur in einem allgemeinen, auf das Belcanto bezogenen Sinn. Im Laufe der Jahre sind die damit verbundenen Herausforderungen immer vielfältiger geworden, sie reichen von der Riesenhaftigkeit des *Don Carlo* bis zu den komplizierten Schichtungen der *Aida*, vom *Otello* ganz zu schweigen.

Es mag pathetisch klingen, aber für uns Dirigenten sind diese Partituren immense, schwierige und riesengroße Aufgaben und zugleich große Verpflichtung – aber gerade in dieser Doppelung ein steter Quell der Freude. Was man bei Verdi lernen kann, ist der Umstand, dass seine Partituren in dieser spezifischen dramaturgischen Haltung, in diesen Konflikten nicht etwa selbst vage werden, sondern von einer geradezu unerbittlichen Genauigkeit und Präzision sind. Die Niederschriften kennen keinen Zweifel, und sie wollen auch keine Zweifel aufkommen lassen. Allein seine Tempoangaben sind von zwingender Plausibilität, und zwar sowohl in den Metronomangaben als auch in den Charakterbezeichnungen. Bei ihm durchdringen sich überhaupt Tempo- und Charakterbezeichnungen auf subtile Weise, oft werden Tempoverschiebungen sogar durch andere Charakterbezeichnungen angedeutet. Das alles ist nicht nur wichtig für die Dramaturgie, aus den Charakterbezeichnungen leitet sich auch die ‚Färbung' des Orchesterklangs ab, die viel dunkler und trockner ist, als man oft annimmt. Obwohl die Belcanto-Tradition richtungsweisend bleibt (und wirklich nie infrage gestellt wurde), sind die sängerischen Freiheiten dabei gering. Es ist die Aufgabe des Dirigenten, den exakten Notentext beim Wort zu nehmen und daraus das musikalische Drama zu formen. Dies bildet die Grundlage für die Zusammenarbeit mit dem Orchester und dem Sänger. Ich habe vor Kurzem mit Michael Volle eine CD eingespielt, in der nicht zufällig der große Ford-Monolog aus dem *Falstaff* mit dem Wahn-Monolog des Sachs aus den *Meistersingern* gekoppelt worden ist. Das eine lässt sich ohne das andere nicht denken. In beiden Monologen sind es genau definierte Stimmungen und die psychologischen Befindlichkeiten der Figuren, die zu gestalten ein absolutes Muss für das Gelingen des Dramas darstellen.

Es wäre interessant, wie Verdi heutige Interpretationen seiner Werke beurteilen würde, er, der sich oft streng über die Sänger und Dirigenten entrüstete. Über eine *Aida*-Aufführung schrieb er z. B. an seinen Verleger Ricordi unter anderem: „… ein Dirigent, der sich erlaubt Tempi zu ändern!!! Wir haben es wohl nicht nötig, dass Dirigenten und Sänger neue Effekte entdecken; und ich für meinen Teil erkläre, dass es nie, nie, nie jemand gelungen ist, auch nur alle die von mir beabsichtigten Wirkungen heraus zu holen … Niemand!!! Nie, nie … weder Sänger noch Dirigenten …!“[29]

IX Wagner und Strauss

DAS WAGNER-ORCHESTER

Wagner und Strauss bilden nach wie vor zentrale Herausforderungen für den Dirigenten, weil sich damit der Rang des Orchesters auf grundsätzliche Weise verändert hat. Aus der in der Romantik vorherrschenden kleinen Form durch die Schaffung der Melodie anstelle des klassischen Themas mit seiner Möglichkeit zur Durchführung wurde in der zweiten Hälfte des 19. Jahrhunderts in der Oper die Großform geschaffen. Wagner selbst hatte behauptet, dies sei die zwingende Fortsetzung des sinfonischen Denkens. Man muss diesen Anspruch ja nicht teilen, aber er hat sein eigenes Komponieren ganz entscheidend verändert – in dem Rang, den er dem Orchester zugebilligt hat. Das Orchester als eigentlicher Akteur des Dramas hat eine andere Funktion als bei Verdi, wo die Verpflichtung auf das Vokale immer verbindlich blieb. Wagner hat sie in der ihm eigenen Radikalität aufgekündigt. Hier werden die Melodien nun zur sogenannten Leitmotivik in durchkomponierten Szenen weiterentwickelt, um größere musikalische, instrumentalmusikalische Zusammenhänge zu bilden. Dabei werden kurze Themen so oft verwandelt, dass man sie kaum noch als solche wahrnimmt. Der Grund dafür liegt in der Verlagerung aller Formbildung in die Harmonik. Es ist ja hinlänglich bekannt, dass der Begriff der Leitmotive nicht von Wagner stammt, er selbst nannte sie Erinnerungsmotive, aber es herrscht doch ein Konsens darüber, was damit gemeint ist. Aus dieser Leitmotivik, die ganz konkret handelnde Personen, Gegenstände oder Tätigkeiten charakterisiert, die also eine ganz unmittelbare Präsenz erzeugen will, ist später bei Richard Strauss das ‚psychologische Motiv' und damit die ‚psychologische Modulation' entstanden. Da geht es dann nicht mehr um eine unmittelbare, sondern eine mittelbare Präsenz.

Entscheidend ist die damit veränderte dramaturgische Aufgabe des Orchesters. Bei Wagner wird die poetisch-dramatische Aussage im Laufe seines Opernschaffens dem immer größer werdenden Orchester anvertraut, natürlich mit dem Schlüsselwerk des *Ring des Nibelungen*, in dessen Umfeld alles dies ja auch programmatisch-ästhetisch hergeleitet wird. Ein Dirigent muss sich der veränderten Funktion des Orchesters zur Gänze bewusst sein, es ist ein neues und anderes Musizieren. Während die Sänger anfangs noch belcantistische Melodieverläufe gestalten, natürlich in den frühen Opern, aber auch noch im *Lohengrin*, wo sich Wagner ursprünglich einen italienischen Tenor vorgestellt hatte, werden sie später, ab dem *Ring*, immer stärker zum semantischen Stichwortgeber des orchestral geschilderten Dramas. Das alles ist einerseits abstraktes Wissen, bringt aber gewaltige praktische Probleme mit sich. Mit der neuen Rolle des Orchesters war offenbar auch der Wille zur immer differenzierteren Klanggestaltung verbunden, mit der Konsequenz der riesenhaft anwachsenden Größe. Mahler und Strauss haben daraus gewissermaßen die endgültige Konsequenz gezogen und den Orchesterapparat ins Gigantische getrieben; nur hat Mahler damit keine Opern komponiert, im Gegensatz zu Strauss, der etwa in der *Frau ohne Schatten* einen einschüchternd großen Apparat verlangt hat.

Für den Dirigenten sind damit gravierende Probleme verbunden. Die Balance zwischen Orchestergraben und Bühne ist auf einmal zum heiklen Problem geworden; bei Verdi, selbst im *Falstaff*, ist dies dagegen noch ganz undenkbar. Wie geht man aber in der Praxis mit diesem fundamentalen Problem um? Es ist plötzlich entscheidend, die kunstvolle Verästelung der beschreibenden Orchestersprache in jedem Moment deutlich zu machen, ohne aber die Textverständlichkeit der Sänger zu gefährden. Man mag das für die Quadratur des Kreises halten, aber Wagner war ja nicht nur ein visionärer Klangzauberer, sondern auch erfahrener Praktiker. Er wusste also, was er tut, auch wenn dies zuweilen große Probleme erzeugt.

Beim *Fliegenden Holländer* hält sich zwar die Orchesterbesetzung noch in quantitativen Grenzen, doch Wagner entfesselt dennoch einen massiven Blechbläsersatz. Das bedrängt die Sänger, und zwar erheblich, aber eben auch die anderen Instrumente. Wie sollen die Holzbläser gegen diese Übermacht ihren feinnervigen, vielstimmigen Satz realisieren – und wie soll dies am Ende alles miteinander in Übereinstimmung und Balance gebracht werden? Im *Ring* sind dagegen alle Beschränkungen gefallen. Der hypertrophe Orchesterapparat mit seinen vierfachen Holzbläsern und den erweiterten Blechbläsern (inklusive vier Wagner-Tuben) stellt auch heute noch in den meisten Häusern ein logistisches Problem dar, schon wegen der Frage, welcher Graben diese Musiker alle aufnehmen kann. Schon Wagner hatte erkannt, dass sich ein klangliches Gleichgewicht der Instrumente nur erreichen lässt, wenn das Streichorchester entsprechend vergrößert wird, insgesamt auf ca. 54 bis 60 Spieler. Ein solcher Orchester-Apparat passt selbstverständlich in den Bayreuther Graben, der ja für ihn gebaut wurde, in den der New Yorker Metropolitan Opera oder der Münchner Staatsoper. Danach wird es aber schon schwierig. Bereits für Aufführungen an mittleren Häusern ist es nötig, Retuschen bei den großen Klangballungen vorzunehmen. Um Wagners *Ring*-Tetralogie auch an kleineren Theatern aufführren zu können, wurden von Alfons Abbass 1906/07 und von Gotthold Ephraim Lessing 1942/43 spezielle reduzierte Orchesterfassungen geschaffen, die zwar einigermaßen brauchbar sind, aber doch nicht annähernd die volle Klangvielfalt des Originals vermitteln. Selbst also, wenn man diese nutzt, wird man sie sehr genau von Fall zu Fall anpassen müssen.

Im Verlauf von Richard Wagners Schaffen erreicht er in seinem Orchestersatz neue Klänge durch bis dahin unbekannte Instrumentenkombinationen, die ebenfalls faszinierend und schwierig zugleich sind. Besonders schöne Beispiele dafür sind die Mischungen aus Bratschen und Englischhorn oder aus Celli und Bassklarinette. Solche neuen Klangregister sind nicht einfach da, sie sind auch nicht leicht zu erzeugen. Sie erfordern von den Musikern und eben auch von den Dirigenten ein ganz besonderes Sensorium für das Ausbalancieren solcher Mischklänge.

PHILOLOGIE

Zu alledem gibt es auch nicht unbeträchtliche philologische Probleme. Zumindest bei zwei von Wagners Bühnenwerken gibt es eine entschiedene (und verwirrende) Fassungsproblematik. Vom *Fliegenden Holländer* existieren drei sich deutlich unterscheidende Versionen. Die Urfassung, dessen Schauplatz noch Schottland ist und in der die handelnden Personen noch andere Namen tragen, entstand 1841. Sie war für Paris komponiert, wurde dort aber zum Leidwesen des Komponisten nicht aufgeführt. Zu Wagners großer Enttäuschung wurde das Textbuch zum *Holländer* sogar einem anderen Komponisten zur Vertonung angeboten. Die sogenannte Dresdner Fassung, die 1843 erstmals am dortigen Hoftheater in Szene gesetzt wurde, verlegte die Handlung nach Norwegen und erfuhr auch musikalisch zahlreiche Veränderungen. So legte Wagner z. B. die Ballade der Senta um einen Ganzton tiefer, um der von ihm gewünschten Sopranistin Wilhelmine Schröder-Devrient entgegenzukommen. Mit dieser Fassung waren aber auch bedeutende Veränderungen der Instrumentation verbunden. Wagner hatte sich ursprünglich für einen sehr massiven Orchesterklang entschieden, bei dem die häufige Verwendung der Posaunen den Klang zusätzlich verdickte. Nun wurde der Orchestersatz verändert. Bei dieser Gelegenheit versah er 1860 die Ouvertüre und das Ende der Oper mit dem Erlösungsschluss, wobei er dem Orchester auch noch eine Harfe beifügte. In Bayreuth wurde dann aus alledem noch eine Mischung produziert, was die Sache nochmals problematischer macht. Sie ist auch am leichtesten auszusondern. Die Wahl der jeweiligen Einstudierung setzt die genaue Kenntnis der Fassungen voraus, gleich, welche am Ende wirklich gezeigt wird. Nicht immer übrigens kann der Dirigent die Entscheidung darüber beeinflussen. Aber wenn es zum Beispiel die zweite Fassung ist, nützt es nichts, die Masse irgendwie wegzuretuschieren – man muss vielmehr produktiv damit umgehen.

Ein noch größeres Problem ist der *Tannhäuser*, der 1845 in Dresden uraufgeführt wurde. Mit einigen Retuschen und Veränderungen erschien die Partitur 1860 als sogenannte ‚Dresdner Fassung'. Als Wagner die Gelegenheit bekam, das Werk an der Pariser Oper aufzuführen, wurde ihm die Bedingung gestellt, der Pariser Gepflogenheit entsprechend ein Ballett einzufügen. Wagner weigerte sich zunächst, entsprach dann aber dieser Forderung und veränderte den Anfang der Oper in eine ausgedehnte *Tristan*-ähnliche Duettszene und ein umfangreiches Ballett. Diese stilistisch reichlich uneinheitliche Fassung von 1861/62 wird heute ‚Pariser Fassung'

Notenbeispiel 11
Wagner *Tristan und Isolde*, 1. Akt, 4. Szene.
Hier hilft man Isolde, indem man die große dynamische Steigerung *piano* beginnt und dann bis *forte* aufbaut.

Notenbeispiel 12
Wagner *Tristan und Isolde*, Schlusstakte des 2. Akts.
Diese Retusche dient nicht zur Hilfe eines Sängers, sondern verdeutlicht nur den Einsatz der strahlenden Trompeten.

genannt. Für Aufführungen in Wien 1875, die in Wagners Anwesenheit an der dortigen Hofoper einstudiert wurden, gab es wieder kleinere Veränderungen, woraus die ‚Wiener Fassung' entstand. Wagner, der mit allen diesen Umarbeitungen ein Leben lang nicht wirklich zufrieden war, plante bis zu seinem Tod eine endgültige Fassung und glaubte, wie er selbst in einem oft zitierten Bonmot sagte, der Welt noch den *Tannhäuser* schuldig zu sein. Gleichwohl, auch hier muss der Dirigent die Differenzen genau kennen. Es nützt auch hier nichts, Mischfassungen herzustellen, sondern es geht um die Verantwortlichkeit gegenüber einer einzigen Fassung.

Auch ansonsten sind die philologischen Probleme zu bedenken, auch wenn die Grundlinien durch die neue Wagner-Ausgabe ja gesetzt sind. Aber was heißt das, was im Text steht? Am Beispiel des *Tristan* kann man sehr schön die Schwierigkeiten des Orchestersatzes erkennen, bei dem zum Beispiel die dynamischen Anweisungen sehr fein ausdifferenziert werden müssen.

NERVENKONTRAPUNKT

Richard Strauss war ein großer Bewunderer Richard Wagners, dachte aber zunächst nicht daran, selbst Opern zu komponieren. Gerade weil er das Musikdrama Wagnerscher Prägung für nicht fortsetzungsfähig hielt, galt ihm vor allem der Orchestersatz als vorbildlich. Er begann mit symphonischen Dichtungen, die er ‚Tondichtungen' nannte und in denen er auf ganz eigene Weise symphonischer Musik eine bildkräftige Tonsprache verlieh. Strauss, der ein umfassend literarisch gebildeter Künstler war, ließ sich von den verschiedensten Strömungen der Dichtkunst seiner Zeit, aber auch der Antike,

Notenbeispiel 13
R. Strauss *Der Rosenkavalier* Einleitung zum 3. Aufzug.
Die typische Polyphonie von Strauss ist schon aus diesen ersten Takten ersichtlich.

beeinflussen und inspirieren. Seine virtuosen und hochkomplexen Partituren haben zwar stets ein der Literatur entlehntes Programm, sind aber auch ohne Kenntnis des eigentlichen Programms durchaus vollkommene Musik. Für Dirigenten ist es aber unerlässlich, die zugrunde liegenden Programme genau zu kennen, um die Musik danach zu gestalten. Dabei sind diese Programme ganz unterschiedlich, ‚plastisch' wie im *Till Eulenspiegel* oder ‚abstrakt' wie im *Zarathustra*.

Erst nachdem Strauss eine Reihe seiner wesentlichen symphonischen Dichtungen abgeschlossen hatte, fühlte er sich genügend vorbereitet, die bis dahin erworbene Meisterschaft in der Orchesterbeherrschung auch in der Oper zu erproben. Seine erste Oper *Guntram* litt noch unter dem Stadium des Ausprobierens, aber schon mit *Salome* gelang ihm ein Epoche-machender Geniestreich. Ihre spannende und hochnervöse Tonsprache mit ihren polyphonen Verästelungen und ihrem Farbenreichtum gehört zu den herausforderndsten Aufgaben für Dirigenten. Strauss' Orchesterpolyphonie, vor der den Komponisten schon sein als Hornist an der Münchner Hofoper tätiger Vater gewarnt hatte, bietet die Gefahr, dass jeder einzelne Orchestermusiker, im Glauben, er habe die wichtigste Stimme, diese besonders hervorheben will. Die Summe dieser Fehleinschätzung ist ein dichtes und oft viel zu massiges Tongeflecht, das den Dirigenten schon bei den ersten Proben viel Energie abverlangt, um die Dynamik zu drosseln – und das Geflecht gewissermaßen wieder zu entflechten. Auch die dynamischen Bezeichnungen in Strauss-Opern erfordern besondere Vorsicht. Ein *forte* ist nicht dasselbe, wenn das Orchester alleine spielt oder wenn gleichzeitig auf der Bühne gesungen wird. Wie schon vorher erwähnt, hat Strauss im letzteren Fall selbst von „begleitendem *forte*" gesprochen.

Notenbeispiel 14
Strauss *Salome* Schlussgesang.
Der Schlussgesang gehört zu den anstrengendsten Passagen für die Sopranistin. Hier hilft man ihr, indem man das *diminuendo* einen ganzen Takt vorverlegt.

Nach *Salome* hat Strauss vor allem in seiner *Elektra* noch einmal die überhitzte, hypertrophe Orchestersprache verwendet und ist dabei bis an die Grenzen der Tonalität vorgedrungen. Da der Komponist jedoch glaubte, dass er auf diesem Weg der Polytonalität, nahe der dissonanten Musik, nicht fortschreiten könne, gab es für ihn, zur Enttäuschung mancher fortschrittsgläubiger Kritiker und Musikliebhaber, nur den Weg zurück zur Tonalität. Schon für *Elektra* hatte er in Hugo von Hofmannsthal seinen kongenialen Partner als Librettist gefunden. Daraus sollte sich für etliche Werke eine künstlerische Partnerschaft ergeben, die nur bei Mozart durch Lorenzo da Ponte und bei Verdi in der Person des dichtenden Komponisten Arrigo Boito ein Vorbild hatte.

Es entstanden, neben einer Reihe von Opern nach mythologischen Quellen, nun einige Bühnenwerke, die sich unter der Gattungsbezeichnung der ‚Konversationskomödie' subsumieren lassen, was wieder eine besondere Herausforderung für Dirigenten darstellt. Dem Konversationston der Sänger ist ganz besonders Rechnung zu tragen, was nur möglich ist, wenn man das Orchester zu einem leichten und transparenten Klang bringt. Dagegen steht aber, zum Beispiel im *Rosenkavalier*, der relativ große Orchester-Apparat. Strauss wusste aber, was er tat, es nützt also nichts, den Konversationston im Orchesterrausch aufzugeben. Es ist also besonders wichtig, dass die Musiker im Orchestergraben den Sängern zuhören und dass sie versuchen, ihnen in jedem Moment sensibel zu folgen. Das lässt sich auch technisch begünstigen. Je höher der Orchestergraben gefahren wird, desto leichter ist der Kontakt zwischen ‚unten' und ‚oben' herzustellen. Seltsamerweise ist es dadurch auch leichter, die Lautstärke des Orchesters auf ein sängerschonendes Maß zu drosseln. Es hilft dabei, dem Orchester zu sagen: ‚Wenn ihr die Sänger nicht mehr hört, seid ihr zu laut!'

Notenbeispiel 15
Strauss *Capriccio*, nach Ansprache von La Roche.
Ohne Retusche durch ein deutliches *diminuendo* bis *mf* ist Clairon unhörbar.

Dass Strauss den Konversationston mit den herrlichsten lyrischen Gesangspassagen zu verbinden wusste, zeichnet diese Musik aus. Und in den Komödien sind auf einmal die Ensembles wieder da, z. B. am Ende des *Rosenkavalier* ein Terzett, das neben den Ensembles von Mozart zu den wunderbarsten der ganzen Opernliteratur zählt. Das gibt einem Dirigenten schließlich das Gefühl, den überhaupt schönsten Beruf ausüben zu dürfen, den es gibt. An der Wiener Staatsoper, wo der Orchestergraben immer so hoch gefahren ist, dass die Musiker die Sänger auf der Bühne sogar sehen können, hatte ich das Glück, zahlreiche Aufführungen des *Rosenkavalier* (in der legendären Inszenierung Otto Schenks) zu dirigieren. Dafür zu leben und zu arbeiten, ist das größte Glück auf Erden.

X Mozart

MOZART IN DER TRADITION

Dem Genie Mozarts als Interpret gerecht zu werden, stellt seit Jahrzehnten, ja seit Jahrhunderten die größte Herausforderung dar, auch für uns Dirigenten. Obwohl Mozarts Orchester viel kleiner sind als die des 19. Jahrhunderts, obwohl die Harmonien in jenen Grenzen bleiben, die das 18. Jahrhundert vorgegeben hat, obwohl die Möglichkeiten der menschlichen Stimmen und Instrumente stets gewahrt werden – Mozart bleibt die größte Herausforderung, vielleicht sogar deswegen, weil sich seine Musik auf diese Normen beschränkt, gleichzeitig damit aber höchste Vollkommenheit erreicht. Die Schwierigkeit für die Dirigenten, dem Geist Mozarts so nahe wie möglich zu kommen, liegt darin, dass wir eigentlich seine Musik mit dem Ohr seiner Zeit hören müssten. Klar, das gilt für alle Komponisten, aber im Falle Mozarts haben wir es mit einer Aufführungstradition zu tun, die von seinen Lebzeiten bis zur Gegenwart reicht – und dabei alle folgenden Komponisten nachdrücklich geprägt hat, von Beethoven und Schubert bis zu Ligeti und Rihm. Wir wären also, um zu ‚unserem' Mozart zu gelangen, darauf angewiesen, das alles ausblenden zu können – und sind doch nicht einmal ansatzweise dazu in der Lage. Wir haben die Musik späterer Epochen kennengelernt, wir gehen mit ihr um, sie hat uns geprägt und prägt uns noch – und sie hat uns verändert, entscheidend verändert. Es gibt keinen anderen Komponisten mit einer so dichten, verflochtenen Rezeptions- und Wirkungsgeschichte – und deswegen keinen anderen, bei dem das Verlangen so groß ist, dahinter zurückzugehen. Durch die Erfahrungen mit späterer Musik ist uns das Empfinden für die vollkommene Reinheit von Mozarts Orchestersatz abhandengekommen – obwohl die Bewunderung für diese Reinheit ihrerseits eine lange Tradition hat, mit ganz unterschiedlichen Akzenten.

Für uns bilden die Dissonanzen in Wagners *Tristan* vielleicht nach wie vor eine Herausforderung, aber wir haben uns dennoch an sie gewöhnt; sie haben ihren Reiz des Unerhörten längst verloren. Wir sind bereit, die komplexen Harmonien aus Bergs *Wozzeck* nicht als dissonant, sondern geradezu als ‚harmonisch' zu hören. Wir haben also das Empfinden für den Reiz von Konsonanz und Dissonanz irgendwie eingebüßt. Und dennoch, wir müssen lernen, Vorhalte, also z. B. Nebennoten auf der kleinen Sekunde, wieder als solche Dissonanzen zu begreifen und damit neu kennenzulernen. Das kann nicht naiv geschehen, sondern immer nur sentimentalisch, getragen von der Einsicht, dass es eine erlernte Erinnerung ist – da wir ja *Tristan* und *Wozzeck* nicht einfach vergessen können. Die Reinheit von Mozarts Orchestersatz lebt aus der virtuos kalkulierten Dosierung von kraftvollen Dissonanzen, wie im Finale der *Jupitersinfonie* oder im Finale des *Don Giovanni*. Für die Zeitgenossen muss dies ‚unerhört' gewesen sein, für uns ist die Erinnerung daran ein wesentlicher Teil des Verständnisses.

Das ist nicht unwichtig für die Arbeit des Dirigenten. Heutzutage werden die Sinfonien Mozarts oft in rekordverdächtigen Tempi abgespult; dafür gibt es keine historischen Indizien, das kann höchstens den Standard eines Orchesters als brillantes ‚Instrument' demonstrieren. Oder es gibt spektakuläre Temporückungen, die großen Effekt machen – aber doch vom Eigentlichen der Musik ablenken, weil sie bloß ‚gefühlt' sind.

So bleibt der Geist der Musik oft auf der Strecke, gerade weil vordergründige Effekte den Sinn für die Tonsprache nicht schärfen, sondern verflachen lassen. Wir können unsere *Tristan*-Erfahrung nicht negieren, wir können sie aber auch nicht durch falsche Effekte kompensieren. Dabei ist doch die philologische Situation erstaunlich gut. In der Neuen Mozart-Ausgabe hat uns die Mozartforschung glücklicherweise ausgezeichnete Editionen bereitgestellt, und die zahlreichen Unsicherheiten und Fehler früherer Ausgaben konnten damit beseitigt werden. Und: Diese Editionen haben sich an allen Häusern durchgesetzt. Es ist klar, auch der ‚genaue Text' ist nur relativ, aber mehr haben wir nicht. Ihn müssen wir so ernst nehmen wie möglich, die Freiheiten beschränken sich auf das Offenkundige (wie Kadenzen, Auszierungen oder Eingänge in Instrumentalkonzerten). Darin können wir dem Geist Mozarts nahe kommen, ohne blindlings unsere anderen Erfahrungen zu leugnen. Es geht nicht um Tradition und Traditionsbruch, sondern um das Bewusstsein über Traditionen. Dieses Problem ist im Falle Mozarts so einzigartig kompliziert.

NUTZEN DER PHILOLOGIE

Bleiben wir noch etwas bei der Philologie. Die Quellenkritik kann die Dinge nachhaltig ändern. Wenn man sich z. B. den Beginn der A-Dur-Sinfonie KV 201 unter Bruno Walter, also einem wirklich bedeutenden Dirigenten, anhört, dann fällt einem das, vorsichtig gesprochen, zähe Tempo auf. Doch Walter war ein verantwortungsvoller Interpret, er musste noch glauben, das *Allegro moderato* sei im Viervierteltakt notiert – und er dirigierte offenkundig in vier. Das war textgenau und trotzdem falsch, weil es eben der falsche Text war. In der Neu-

Notenbeispiel 16
Mozart *Symphonie in A-Dur KV 201*, Anfang 1. Satz.
Als Metrum ist fälschlich C = 4/4 angegeben.

Notenbeispiel 17
Mozart *Symphonie in A-Dur KV 201*, Anfang 1. Satz.
Autograph Mozarts, eindeutig mit Alla breve bezeichnet.

en Mozart-Ausgabe wurde der ursprüngliche Alla-breve-Takt wieder restituiert (während etwa die alte Eulenburg-Ausgabe noch den Vierviertelktakt bringt) – und dies hat gravierende Auswirkungen, nicht nur auf das Tempo, sondern auf den Charakter des Satzes. Das ‚moderato' bezieht sich nämlich tatsächlich auf eine andere metrische Bezugsgröße.

Als ich beim Karl-Böhm-Wettbewerb mit den Wiener Philharmonikern diesen Satz auf zwei dirigierte, wurde mir zwar anschließend (wenn auch, so hoffe ich, nicht nur deswegen) der erste Preis zuerkannt, doch der Namensgeber war zumindest mit dieser Lösung nicht einverstanden. Böhm nahm mich also danach auf die Seite und sagte, in geradezu flehendem Ton: „Lieber Freund, den 1. Satz müssen's natürlich auf vier dirigieren!" Als ich ihm den Sachverhalt der verschiedenen Ausgaben klarzumachen versuchte, wischte er meine Argumente mit den Worten weg: „Schaun's, ich bin der Einzige, der weiß, wie man das dirigiert, aber keiner fragt mich!" Dieses Erlebnis ist ein besonders schönes Beispiel dafür, dass das Studium der Ausgaben und der Quellen das Wissen verändern kann – und verändern muss.

Solches Quellenstudium kann zwar den historischen Abstand nicht aufheben, soll es auch gar nicht, aber es kann ihn besser verständlich machen. Quellen sind natürlich nicht nur Handschriften und Ausgaben, sondern auch Begleitumstände, Kontexte – alles das ist wichtig, gerade bei einem so schwierigen Fall wie Mozart. Und wie viele Dirigenten gab es und gibt es nach wie vor, die alles selbstbewusst ganz genau wissen – und folglich andere Lösungen kategorisch für falsch erklären. Ich erinnere mich an eine öffentliche Generalprobe von Beethovens *Missa solemnis*, bei der der weltweit gefeierte Dirigent dem Publikum erklärte, es hätte dieses Werk noch nie richtig aufgeführt gehört, er würde aber jetzt demonstrieren, wie dieses Werk wirklich interpretiert werden müsse. Das ist nicht nur überheblich, sondern dumm. Mein Erlebnis mit Böhm hat mir gezeigt, dass auch das vermeintliche Wissen immer relativ ist, dass wir also daran, wie an der Partitur selbst, fortwährend arbeiten müssen – stets mit gravierenden Konsequenzen für die Klangvorstellung eines Werkes. Mozart fordert einen zu einer unentwegten Balance zwischen solchem Wissen und dem Moment der Aufführung heraus, und gerade deswegen bedarf es der dirigentischen Besonnenheit.

FIGARO

… es war Mozarts Tat, die einfach begleitete italienische Melodie mit dem reichen Beziehungssystem zwischen Note und Note, das der deutschen Musik eigen war, so

> vollkommen zu verschmelzen, dass in Musik zum ersten Mal reinste sinnliche Gefälligkeit mit reinster geistiger Befriedigung vereint scheint …[30]

Den Beweis für diese, Swarowskys, Charakterisierung von Mozarts Musik findet sich natürlich auch in allen Opern Mozarts. Dass Mozart ein perfekter Opernkomponist war, sagt sich zwar leichthin, ist aber als Aussage wertlos, so lange man nicht versucht zu bestimmen, worin diese Perfektion eigentlich gründet – und was sie für den Dirigenten bedeutet. Man muss sich als Beispiel nur *Le Nozze di Figaro* ansehen, ein Werk von einschüchternder Vollkommenheit. Und doch, mit dieser Feststellung allein kommt man als Dirigent nicht weiter. Die gesamte Oper ist eine Abfolge von Arien, Duetten und, natürlich, den legendären Ensembles – und diese dramaturgische Abstimmung im Großen gleicht bereits einem Wunder. Doch jede einzelne der 29 Nummern offenbart, wie Mozart mit dem Gleichgewicht von herrlichen Gesangslinien, symphonischem und doch so lichtem Orchestersatz und einem genuin dramatischem Gestus der Musik geradezu perfekte Operngestalten geschaffen hat. Seine Figuren sind Menschen, Charaktere, widersprüchlich zum Teil, aber sie ergänzen sich, bilden ein Ganzes. Jede Figur entwickelt ihre eigene ‚Dramaturgie' und ihre dramatische Kurve, in der Folge ‚ihrer' Nummern und in der Abgrenzung von den anderen. Alles das fließt in den Ensembles zusammen, in einer unendlich scheinenden Gemengelage.

Mozart beherrschte das Italienische sehr gut, er hat Da Pontes Texte genau verstanden, auf ihren Witz und ihren tiefen Gehalt ziemlich sicher detailliertesten Einfluss genommen. Das wird er mit Da Ponte auf Italienisch verhandelt haben. Aus dieser Feindifferenzierung resultieren Konsequenzen für das Verhältnis der Stimmen zum Orchester, das nie klischeehafte Begleitfiguren liefert. Im Gegenteil, die Orchesterstimmen korrespondieren selbst in kleinsten Einzelheiten mit den Bewegungsabläufen auf der Bühne, mit denen sie eine unauflösbare Einheit bilden. Die Musik, das macht es so schwer, ist nicht einfach nur Musik, sondern in jedem Moment auch auf einer anderen Ebene Musik über Musik. Leider bemerken viele Regisseure heute nicht, wie eng der Zusammenhang zwischen szenischer Aktion und musikalischer Faktur ist – oder, noch schlimmer, sie setzen sich absichtlich darüber hinweg.

Für den Dirigenten ist es unendlich schwierig, aus diesen so komplizierten Verhältnissen eine ‚musikalische Dramaturgie' zu entwickeln, in den Tempi und ihren Relationen zueinander, in der Phrasierung, in der Artikulation, in der Agogik, in den Kontrasten – und das alles bei dem atemlosen Tempo, das der *Figaro* vorgibt. Es ist daher nötig, den Text auf diesen Gestus der szenischen Bewegung hin zu lesen – und das dann mit Mozarts Partitur in Einklang zu bringen. Das hat bedeutende Konsequenzen für das Tempo, aber auch für den Duktus der Musik. Dabei muss das ganze labile Gebilde streng, geradezu unerbittlich, zusammengehalten werden. Nichts ist schlimmer, als es durch Eigenwilligkeiten anzugreifen und zu zerstören. Es ist noch immer so, jedes Mal, wenn ich den *Figaro* einstudiere, fange ich wieder mit dem Studium dieser unbegreiflichen Partitur ganz von vorn an.

SPRACHE UND REZITATIV

Wie sehr Mozarts gestische Ton-Sprache dabei von der Sprache selbst bestimmt worden ist, zeigt sich an den Rezitativen. Diese Feststellung wirkt nur auf den ersten Blick paradox, weil doch die Arien und Ensembles das Entscheidende zu sein scheinen. Doch verraten gerade die Rezitative vieles über Mozarts Dramen-Verständnis. Damit bricht gewissermaßen die Neuzeit, ja die Moderne der Operngeschichte an – und dies bedeutet zugleich eine der größten Bewährungsproben, die der Dirigenten-Beruf überhaupt kennt. Im Rezitativ, vor allem im accompagnato verdichtet sich dies auf besondere Weise, und gerade dies stellt einen vor ganz besondere aufführungspraktische Herausforderungen. Nochmals zur Vergewisserung, das secco-Rezitativ, in dem vor allem die Handlung weitergetrieben wird, kennt nur die Begleitung mit Tasteninstrument und Cello, das accompagnato hingegen die mit Streichern oder sogar dem ganzen Orchester.

Mozart lernte das accompagnato von Gluck, trennte aber, ganz im Gegensatz zu ihm, das secco streng davon ab. Gerade der Wechsel zwischen Continuo und vollem Orchester führt dazu, dass Mozart den Unterschied zwischen lockerer, freier und getragener Rede dabei mit geradezu plastischer Klarheit demonstrieren konnte. Das secco-Rezitativ lebt ganz und gar von der Sprache, was bei Mozart fast immer heißt: der italienischen Sprache. Sie ist für ihn stets verpflichtend gewesen, sogar dann, wenn er – wie in der *Entführung* oder in der *Zauberflöte* – deutsche Texte vertont hat. Dieses secco-Rezitativ wird ausschließlich vom Cembalo, später dann auch vom Hammerflügel und einem Bass-Instrument begleitet; was Mozart wirklich bevorzugt hat, wissen wir übrigens nicht sicher, aber im Falle der *Entführung* ist bezeugt, dass er vom Cembalo aus dirigiert hat (obwohl es dort gar keine Rezitative gibt).

Wir wissen allerdings, dass zu Mozarts Zeit anstelle des secco-Rezitativs oft gesprochene Prosa verwendet werden konnte. Das gilt für seine von vornherein deutsch komponierten Opern, also *Entführung*, *Zauberflöte*, aber etwa auch für das *Zaide*-Fragment. Es gilt aber auch für den Fall, dass seine italienischen Opern ins Deutsche übersetzt wurden, wie etwa bei Goethe in Weimar, wo an die Stelle der Rezitative ganz selbstverständlich gesprochene Dialoge getreten sind. Natürlich gab es aber auch Zusammenhänge, in denen das gesprochene Wort gar nicht erlaubt war, eben in allen italienischen Opern, aber auch in der Pariser Oper. Umgekehrt konnten daher auch Mozarts deutsche Opern später mit Rezitativen versehen werden. Die Praxis sollte aber nicht darüber hinwegtäuschen, dass Mozart sehr genau zwischen gesprochener Sprache, secco-Rezitativ und accompagnato unterschieden hat – und dass in der differenzierten Herausarbeitung dieser Schichten ein Geheimnis von Mozart-Aufführungen liegt.

Das Tempo eines Mozartschen secco-Rezitativs entspricht grundsätzlich dem italienischen Sprechtempo. Das setzt auch für den Dirigenten, der die Gestaltung der Rezitative stets erarbeiten sollte, eine tadellose Beherrschung der italienischen Sprache voraus. Die sehr verbreitete Gepflogenheit, italienische Rezitative als Zeichen besonderer Sprach-Artistik in atemloser Hast herunterzurasseln, ist natürlich völliger Unsinn – und höchstens bei Rossinis Buffo-Opern (und vergleichbaren Werken) als Effekt innerhalb einer Szene zulässig, aber auch dort nur ausnahmsweise. Hört man alte Aufnahmen (etwa von Fritz Busch in Glyndebourne), fallen einem die langsamen Rezitative auf, hört man neueste, werden sie oft nur schnell gesungen, ohne dabei das Idiomatische der italienischen Sprache zu berücksichtigen. Beides scheint sehr zeitgebunden zu sein. Secco-Rezitative sind grundsätzlich im Viervierteltakt notiert, ausnahmsweise kann, bei Mozart oder Haydn, auch einmal ein Zweivierteltakt stehen. Sind Pausen nur aus Gründen der Notation gesetzt, dann müssen sie sicher nicht als musikalische Zäsuren in Erscheinung treten. Oder sie bedeuten bloß Deklamations-Zäsuren. Das Notat eines Rezitativs folgt im Grunde den Normen der musikalischen Orthographie, es ist also relativ. Die Richtschnur bleibt folglich der italienische Sprachrhythmus, dem der Duktus unbedingt angepasst werden muss. Auch deswegen ist die Beherrschung der italienischen Sprache so wichtig, und es ist nicht ehrenrührig, sich in Zweifelsfällen Rat bei Fachleuten zu holen.

Das secco-Rezitativ lebt also von der Angleichung an die gesprochene Sprache, und das muss sehr sorgfältig probiert werden, zumal dann ja noch die szenische Aktion hinzutritt – sie hat zwar auf das Tempo, nicht aber auf den Rhythmus Auswirkungen. Das accompagnato dagegen ist das viel größere Problem, auch, weil sich im Laufe der Aufführungsgeschichte ‚Traditionen' eingeschlichen haben, die verfälschend sind. Um ein Beispiel zu nennen: Das große begleitete Rezitativ in der *Zauberflöte*, im Bühnenjargon das ‚Sprecherrezitativ', hat wohl kaum je ein Sänger wirklich so gelernt, wie es von Mozart aufgezeichnet wurde. Die Sänger sind oft blind gegen Tempo und Notenwert in diesem Stück, da schon in der Ausbildung der Fehler begangen wird, dem Lernenden nicht unter allen Umständen die Musik so beizubringen, wie sie metrisch und rhythmisch notiert ist. Allein die Tonhöhe wird respektiert ... Doch das hat mit der Intention der Partitur nichts zu tun, sondern allenfalls mit einer (falschen) Tradition – „wie man es eben macht". Das accompagnato-Rezitativ ist aber nicht nur ein instrumentiertes secco-Rezitativ, in dem notierte Notenwerte keinerlei Bedeutung haben. Die von Mozart akribisch aufgezeichneten Notenwerte müssen strengstens befolgt werden, wobei die Tempi variabel oder relationiert auszuführen sind. Gegen die Primär-Überlieferung steht leider meistens die Überlieferung einer Überlieferung einer Überlieferung, beglau-

Notenbeispiel 18
Mozart *Die Zauberflöte*, Sprecherszene.
Beim Einsatz des Chores hinter der Szene ist jeweils halbes Tempo zu nehmen, ab Takt 152 gilt wieder das rasche Tempo Taminos.

bigt durch Enkel- und Urenkel- oder Ururenkel-Schüler. Man nennt dieses Konglomerat dann ‚Mozart-Stil', wobei man fragen muss, wessen Mozart und wessen Stil das eigentlich ist. Das ist übrigens nicht nur ein Relikt der Geschichte, auch in den letzten 30 Jahren hat sich ein ‚Mozart-Stil' herausgebildet, der aber mehr über den Erfinder als über Mozart aussagt.

Mit seinem untrüglichen Sinn für deklamatorische Wirkung hat Mozart die Sprecherszene aus der *Zauberflöte* jedoch so treffend ‚charakterisiert', dass man alles dies aus dem Text herauslesen kann. Entscheidend ist, nun im Gegensatz zum secco, die exakte Rhythmisierung – und das damit verbundene exakte Tempo. Wir erinnern uns, Vierviertel ist das Grundmetrum jedes Rezitativs. Im Vierviertel lassen sich die Akkorde und sonstigen Einwürfe sinngerecht setzen, damit lässt sich die Deklamation in einen logischen, einen sprachlogischen Zusammenhang bringen. Dem folgt Mozart hier eindeutig. Doch der Dialog zwischen Tamino und dem Sprecher lebt nicht, anders als im secco, vom Freiraum, den das Taktmetrum erzeugt, sondern von der damit verbundenen glasklaren Proportion und Rhythmisierung. Die Konsequenzen für den Dirigenten sind daher eindeutig. Es gilt nicht, zu ahnen, zu fühlen oder in selbsterfundenem ‚Mozart-Stil' zu denken. Sinnvoll wird das nur, wenn das Rezitativ vom Anfang bis zum Ende genau im notierten Rhythmus gesungen wird. Die Aufgabe des Dirigenten ist es also, diesen Rhythmus nicht zu verändern, sondern ihn durch dessen strengste Beachtung zum Leben zu erwecken. Die Spannung entsteht also nicht durch eigenmächtige Auslegung, sondern durch die genaueste Befolgung der Partitur. Nur dann wird das Rezitativ auch wirklich ‚frei' wirken können. Eines der Rätsel bei Mozart ist, dass diese ‚rhythmische Freiheit' eben nur dann entsteht, wenn sich der Ausführende allerstrengstens an das Notat hält.

Mozart, der große Dramaturg, hat in diesem festen Gefüge die Freiheit der feinsten Regung auskomponiert, wobei er die gegensätzlichen Charaktere der beiden Akteure genau gezeichnet hat: Tamino ist vorlaut – bei ihm schreibt Mozart oft ‚schnell', beim Priester manchmal ‚langsam', was aber nicht heißt, dass er deswegen larmoyant singt, denn er ist ein Eiferer für seine Sache, also gerade nicht der fade alte Geistliche, als der er so oft erscheint. Es ist zwar menschlich verständlich, dass Darsteller kleinerer Rollen versuchen, ihre Auftritte auf der Bühne zu strecken, sie bedeutungsvoll zu machen, indem sie ihrem Part mehr Gewicht verleihen. Für den Interpreten, für den Dirigenten hat dies jedoch keine Bedeutung, er sollte darauf achten, dass das gerade nicht passiert.

Bei Mozart gibt es unzählige Beispiele für diese Art der Sprachbehandlung, am auffälligsten vielleicht im *Idomeneo*, jenem Wunderwerk, das vielleicht die meisten Rätsel aufgibt. Doch daraus lässt sich dann das Entscheidende für den dirigentischen Umgang mit Mozart lernen: die Vorstellung, dass diese Musik aus der Sprache lebt und aus ihr herausentwickelt wurde, dass sie aber mit einer unendlichen Genauigkeit komponiert ist – einer Genauigkeit, die die allerstrengste Befolgung des Textes geradezu erfordert. Nichts lässt sich leichter erzeugen als scheinbar bedeutungsvoller Effekt. Nicht nur für Mozart ist dies tödlich, aber für seine Musik eben ganz besonders. Der Interpret, der Dirigent muss aber die Partitur zum Klingen bringen, ihr plastische Spannung dadurch verleihen, dass er die Präzision des Notentextes herstellt. Um noch einmal das Wort meines Lehrers Swarowsky zu zitieren, es gilt, nicht zwischen den Zeilen zu lesen, sondern in den Zeilen .

Was für das größte musikalische Genie, nämlich Mozart, gilt, hat in seiner Ernsthaftigkeit eine Gültigkeit auf allen Gebieten unseres Berufes des Dirigenten. Musik bedarf der

Wiedergabe, was uns nicht dazu verleiten darf, uns als ihr Schöpfer zu fühlen. Es ist und bleibt unsere Verpflichtung, ausschließlich im Geiste des Schöpfers als sein Diener an seinem Werk zu wirken. Je näher wir seinem schöpferischen Willen kommen, desto mehr haben wir unseren Auftrag erfüllt und desto mehr finden wir Erfüllung in unserem schönen Beruf.

Nachwort

Was ist der Zweck dieses Buches? Das Dirigieren ist ein Beruf, der sich einer eindeutigen qualitativen Beurteilung zu entziehen scheint. Sehr deutlich wird das beispielsweise an den sich häufig widersprechenden Rezensionen selbst bedeutender Musikkritiker zu ein und derselben Aufführung. Dennoch bin ich der Meinung, dass es gut begründbare Kriterien gibt, an denen sich eine professionelle Annäherung an ein kompositorisches Werk aus Vergangenheit oder Gegenwart und deren Umsetzung in der Arbeit mit dem Orchester festmachen lassen.

Felix Weingartner, einer der bedeutendsten Dirigenten an der Wende zum 20. Jahrhundert, fasste grundlegende Forderungen an einen Dirigenten wie folgt zusammen:

> Der Dirigent sei vor allem wahrhaftig gegen das Werk, welches er aufführen will, gegen sich selbst und gegen das Publikum. Er denke nicht, so wie er eine Partitur zur Hand nimmt: ‚Was kann ich aus diesem Werk machen?', sondern: ‚Was hat der Schöpfer damit sagen wollen?'[31]

In den zehn Kapiteln dieses Buches habe ich versucht, an Hand verschiedener Themen und Problemstellungen Lösungen und praktische Anleitungen für die Arbeit an den Werken in Oper und Konzert zu geben.

Die Beherrschung der praktischen Seite des Dirigentenberufs soll aber natürlich nicht vergessen lassen, dass es für eine berührende oder packende Interpretation noch mehr bedarf, nämlich des ‚feu sacré'! Diese innere Leidenschaft ist somit das Wichtigste, was ein angehender Dirigent mitbringen muss. Sie kann nicht gelehrt werden ist aber Voraussetzung dafür, dass eine Interpretation den großen Werken der Musik gerecht wird.

Anmerkungen

1 In diesem Buch wird durchgehend die männliche Form verwendet, selbstverständlich sind dabei auch weibliche Personen eingeschlossen

2 Die international festgelegten Stimmungen von Musikinstrumenten wurden im Laufe der Jahrhundert immer wieder verändert, wobei die heutige Stimmung für den Kammerton a1 bei 440 Hz festgelegt wurde, während sie in früheren Epochen zwischen 415 Hz und 435 Hz lag. Die Differenz zwischen 415 Hz und 440 Hz beträgt dabei einen Halbton.

3 Für den ‚basso contino' verwendete man im Barock und in der Frühklassik neben einem Harmonieinstrument (Cembalo, Laute, Barockharfe etc) ein reiches Instrumentarium für die Bass-Stimme, darunter Gambe, Cello, Fagott o.ä.

4 Hans Swarowsky: Wahrung der Gestalt. Schriften über Werk und Wiedergabe, Stil und Interpretation in der Musik. Hrsg. von Manfred Huss. Wien 1979, S. 38ff.

5 Alfred Roller: Mahler und die Inszenierung. In: Musikblätter des Anbruch 2, 1920, S. 273–275, hier S. 273.

6 Appoggiaturen sind Verzierungen in der Instrumental- und Vokalmusik, Dabei werden ein oder mehrere Töne zwischen zwei Melodietönen eingeschoben.

7 Richard Strauss: Erinnerungen an Hans von Bülow [1909]. In: Richard Strauss. Betrachtungen und Erinnerungen. Hrsg. von Willi Schuh. Zürich, Freiburg/Br. 1949, S. 183–193, hier S. 183.

8 Erich Leinsdorf: The Composer's Advocat. A Radical Orthodoxy for Musicians. New Haven 1981.

9 Swarowsky: Wahrung der Gestalt Universal Edition Wien 1979, Vorwort.

10 Anton Schindler: Biographie von Ludwig van Beethoven. Münster, 4. Auflage 1871, Bd. 2, S. 247.

11 Leopold Mozart: Versuch einer gründlichen Violinschule entworfen und mit 4. Kupfertafeln sammt einer Tabelle versehen. Erstausgabe der zweiten Auflage von 1769 Kulturverlag Polzer, Salzburg 2007, Des ersten Hauptstücks, zweyter Abschnitt. § 7, S. 65

12 Wolfgang Amadé Mozart und Maria Anna Mozart an Leopold Mozart, Augsburg, 23., 24. u. 25. 10. 1777. In: Wilhelm A. Bauer u. Otto Erich Deutsch: Mozart. Briefe und Aufzeichnungen. Bd. 2. Kassel etc. 1962, S. 81–85, hier S. 83.

13 Mozart (wie Anm. 12), S. 83.

14 Mozart: Gründliche Violinschule (wie Anm. 7), Das zwölfte Hauptstück, § 20, S. 262f.

15 Schindler: Beethoven (wie Anm. 6). Leipzig 1977, S. 483.

16 Heinrich Porges: Erinnerungen an das „Bühnenweihefestspiel in Bayreuth" in *Bayreuther Blätter* des Jahres 1876.

17 Mozart: Gründliche Violinschule (wie Anm. 11), Das elfte Hauptstück, §3, S. 294/295.

18 Strawinsky: Gespräche mit R. Craft, Atlantis Verlag, Zürich 1961, S. 215.

19 Anna Maria und Wolfgang Amadé Mozart an Leopold Mozart am 17. Januar 1778. In: Mozart-Briefe (wie Anm. 8), S. 226–228, hier S. 228.

20 Als Orchesterprobe wird im Betrieb eine Probe nur mit dem Orchester, als Soloprobe eine mit den Sängern, dem Dirigenten und einem Repetitor am Klavier bezeichnet, als Stellprobe eine szenische Probe mit Klavier auf der Bühne, während bei einer Bühnenorchesterprobe Sänger, Szene und Orchester zusammenwirken.

21 Claus Helmut Drese: ... aus Vorsatz und durch Zufall ... Theater- und Operngeschichte(n) aus 50 Jahren. Köln 1999, S. 403f.

22 Als ‚portamento' wird das Verbinden von zwei aufeinander folgenden Noten durch Verschleifen bezeichnet.

23 Kurze oder lange Akustik bezeichnet den Anteil an Nachhall nach dem Hervorbringen des Klanges. Dieser Nachhall wird durch die Grösse, die Form und die verwendeten Materiale eines Konzertsaales bestimmt.

24 Es gibt erprobte Standardbesetzungen, bei denen das Verhältnis von hohen zu tiefen Streichern erfahrungsgemäß besonders ausgewogen klingt. Richard Wagner hat diese als erster für sein grosses Orchester gefordert, (16 erste Violinen, 14 zweite Violinen, 12 Bratschen, 10 Violoncelli und 8 Kontrabässe) dementsprechend wurden dann auch kleinere Besetzungen in ähnlichen Zahlenverhältnissen festgelegt.

25 Richard Strauss: Vorwort zu Intermezzo. In: ders.: Betrachtungen und Erinnerungen. Hrsg. von Willi Schuh. Zweite, erweiterte Ausg., Zürich 1957, S. 144.

26 Richard Strauss, Betrachtungen und Erinnerungen, überarbeitete Fassung Schott Music 2014.

27 Rudolf Hartmann: Grenzen der Interpretation auf der Opernbühne. In: Neue Zürcher Zeitung, 5. März 1977.

28 Gino Mainaldi: Verdi. Turin 1899, S. 118.

29 Brief Verdis an Giulio Ricordi aus dem Jahre 1872. In: G. Verdi Briefe. Hrsg. von F. Werfel und P. Stefan, Wien/Berlin 1926.

30 Swarowsky, Wahrung der Gestalt, Universal Edition Wien, 1979, S. 178.

31 Felix Weingartner: Ueber das Dirigiren, Berlin 1896, S. 76.

Lebensdaten

1940	geboren in St. Florian (Österreich)
1950–1959	erste musikalische Ausbildung (Klavier, Geige, Klarinette, Komposition) am Bruckner-Konservatorium in Linz
1960–1963	Studium an der Musikakademie Wien u. a. Dirigieren bei Prof. Hans Swarowsky
1963–1966	Korrepetitor und Kapellmeister am Landestheater Salzburg
1965	1. Preis beim Nicolai-Malko-Dirigenten-Wettbewerb in Kopenhagen
1966	Mozart-Interpretationspreis des österr. Unterrichtsministeriums
1966–1977	1. Kapellmeister der Bonner Oper, ab 1968 Chefdirigent
Seit 1971	ständiger Dirigent der Salzburger Festspiele
1971–1975	Dirigent der Festspiele Aix-en-Provence, Bregenzer Festspiele
1974	Debüt an der Wiener Staatsoper (in der Folge dort 115 Vorstellungen)
1975	Dr.-Karl-Böhm-Preis (Wettbewerb mit den Wiener Philharmonikern)
1975	Debüt an der Hamburgischen Staatsoper
1977	Debüt bei den Berliner Philharmonikern
1977–1981	1. Kapellmeister und stellvertr. GMD an der Oper Frankfurt
1979	Debüt an der Deutschen Oper Berlin
1981–1984	Chefdirigent des Mozarteum-Orchesters Salzburg und GMD des Landestheaters

1981	Debüt an der Bayerischen Staatsoper München
1983–1992	Chefdirigent und musik. Oberleiter der Oper Zürich
1987–1991	Gastdirigent an der Metropolitan Opera New York
1987	Dirigent in der Arena di Verona
1997	Gastdirigent an der San Francisco Opera in der Folge Gastdirigent aller namhaften Opernhäuser und Orchester Europas
2004–2015	Musikalischer Leiter des Richard-Wagner-Festivals Wels
2005	Schallplattenpreis „Echo Classic 2005"
2014–2016	Gastdirigent an der New National Opera Tokyo
2015	Debüt an der Korean National Opera
2017	Gastdirigent am Teatro San Carlo Napoli und am Royal Operahouse Muscat (Oman)

Discographie

Gioacchino Rossini	TANCREDI, Gesamtaufnahme (Marilyn Horne, Lella Cuberli, Nicola Zaccharia etc.) Orchestra e Coro del Teatro Fenice, Venedig, 3 CDs SONY Classical S3K 39 073
Gioacchino Rossini	IL BARBIERE DI SIVIGLIA, Gesamtaufnahme (Edita Gruberova, Vladimir Chernov, Juan Diego Flores, Ellero d'Artegna, Enric Serra) Münchner Rundfunkorchester, 3CDs NIGHTINGALE NC 004022
Othmar Schoeck	LEBENDIG BEGRABEN, 1. Aufnahme der Originalfassung (Günther von Kannen, Bass) Orchester der Oper Zürich Atlantis ATL 96205
Eugen d'Albert	DIE TOTEN AUGEN, Gesamtaufnahme (Dagmar Schellenberger, Norbert Orth, Hartmut Welker etc.) Orchester und Chor der Dresdner Philharmonie Cpo 999 692-2
Heinz Marti	Wachsende Bedrohung f. großes Orchester (1984/85) Orchester der Oper Zürich Grammont CTS-P 22-2

Alexander Zemlinsky	KLEIDER MACHEN LEUTE, 1. Gesamtaufnahme der Oper (Edith Mathis, Hermann Winkler etc.) Chor und Orchester der Oper Zürich KOCH Schwann 314 069 K2
Ludwig van Beethoven	SYPHONIE Nr. 9 in d-Moll op. 125 NHK Symphony Orchestra NHK CD CRCG-30048-54
Francisco Araiza	THE ROMANTIC TENOR Münchner Rundfunkorchester BMG, Red Seal
Eva Lind & Francisco Araiza	OPERN-DUETTE Orchester der Oper Zürich Philips 426 270 2
James Morris	OPERN-ARIEN Münchner Rundfunkorchester EMI CDC 7 49287 2
Luana DeVol	ROMANTISCHE OPERNARIEN Münchner Rundfunkorchester Canterino CNT 1072
Peter Seiffert	ITALIENISCHE OPERN-ARIENChor und Orchester der Deutschen Oper Berlin EMI CDC 5 55010 2
Dagmar Schellenberger	MOZART-ARIEN Orchester der Deutschen Oper Berlin EMI-CLASSICS: EMI-55008
Dagmar Schellenberger	OPERNARIEN Münchner Rundfunkorchester EMI 5 55283 2

Margaret Marshall	MOZART-KONZERTARIEN Mozarteum-Orchester Salzburg Festspieldokumente Salzburg ORFEO, C 394 501 B
Deon Van der Walt	OPERN-UND OPERETTENARI- EN Ein Portrait Münchner Rundfunkorchester ARTE NOVA Classics, 74321 67515 2
Gioacchino Rossini	FAVOURITE ROSSINI Arias sung by Favourite Artists Marilyn Horne, Orchestra del Teatro Fenice Venedig SONY CLASSICAL SMK 48399

Video-Produktionen

Gioacchino Rossini	BARBIERE DI SIVIGLIA (Kathleen Battle, Leo Nucci, Rockwell Blake) Chor und Orchester der Metropolitan Opera New York, Polydor-Homevideo Deutsche Grammophon 072 414-3 *PAL*
Gioacchino Rossini	L'ITALIANA IN ALGERI (Doris Soffel, Nuccia Focile, Robert Gambill, Günther von Kannen) Radio-Symphonieorchester Stuttgart RCA VICTOR Red Seal 09026 61218-3 DVD-Video bei ARTHAUS 100120
MEET THE MET	FAVORITE OPERA SCENES Chor und Orchester der Metropolitan Opera New York Deutsche Grammophon 072 194-3 GH PAL

Bildnachweis

1 König Frederik IX. von Dänemark übergibt den 1. Preis beim Nikolai-Malko Dirigentenwettbewerb an Ralf Weikert, Kopenhagen 1965. Foto: J. Staehr.

2 Der Dirigent Karl Böhm anlässlich der Verleihung des Karl-Böhm-Preises an Ralf Weikert, Salzburg 1975. Archiv des Verfassers.

3 Konzeptionsgespräch mit Günther Schneider-Siemssen und Götz Friedrich für eine Produktion von Boris Godunoff des Opernhauses Zürich im Hallenstadion Zürich, 1984. Privatarchiv Paul Suter.

4 Die Regisseurin Ruth Berghaus mit Ralf Weikert bei einer Probe zu „Katja Kabanova“, Opernhaus Zürich 1994 © Peter Schlegel, Zürich.

5 Szene aus „Lucia di Lammermoor“ mit Edita Gruberova und Francisco Araiza, Opernhaus Zürich 1986 © Peter Schlegel, Zürich.

6 Gösta Winbergh und Lucia Popp im 1. Akt des „Lohengrin“, Opernhaus Zürich 1991. © Peter Schlegel, Zürich.

7 Ralf Weikert beim Dirigierunterricht, Zürich 2015. Privatarchiv des Verfassers.

8 Bei einer Orchesterprobe für eine Uraufführung mit dem Komponisten Beat Furrer, Zürich 1992. Privatarchiv Paul Suter.

9 Gösta Winbergh als Lohengrin in der Produktion von Robert Wilson, Opernhaus Zürich 1991. © Schlegel & Egle, Zürich.

10 Szenenbild vom 2. Akt des „Tannhäuser“ in der Produktion des Wagner-Festivals, Wels 2015. Mit freundlicher Genehmigung des Wagner-Festivals, Wels.

11 Stig Andersson und Michael Kupfer-Radecky im 3. Akt von „Tristan und Isolde“ in der Produktion des Wagner-Festivals, Wels 2015. Mit freundlicher Genehmigung des Wagner-Festivals, Wels.

12 Szene der Blumenmädchen aus dem 2. Akt des „Parsifal“ in der Produktion des Wagner-Festivals, Wels 2014. Mit freundlicher Genehmigung des Wagner-Festivals, Wels.

13 Ralf Weikert vor der Ankündigung des „Fliegenden Holländers“ in der Nationaloper Seoul, 2015. Privatarchiv des Verfassers.

14 Schlussszene des „Fliegenden Holländers“ mit Hans Sotin in der Produktion des Wagner-Festivals, Wels 2013. Mit freundlicher Genehmigung des Wagner-Festivals, Wels.

15 Cartellone am Teatro San Carlo Neapel, 2016. Privatarchiv des Verfassers.

16 Ralf Weikert vor einer Probe im Teatro San Carlo Neapel, 2016. Privatarchiv des Verfassers.

Personenregister